ニューヨークでしたい100のこと

大好きな街を暮らすように楽しむ旅

仁平　綾

100 THINGS TO DO IN NEW YORK

———————

A Y A　 N I H E I

はじめに

ニューヨーク在住歴7年の中で、
見たもの、食べたもの、感動したもの、驚いたもの、
いまいちだったもの、お金を返してほしいとすら思ったものなど、
それはもう山のようにあるのだけれど、
心にグッと刺さったものは、案外限られていたりします。
味、インテリア、サービスの全方位からぐいぐい迫る星付きレストラン、
心のなかで「かわいい」を連呼してしまう老舗ドーナツ店、
たった一度訪れたきりだけれど、感性に稲妻が走った小さなミュージアム、
いつも物欲を揺さぶられるヴィンテージショップ……。
これまで7年間の暮らしと記憶を振り返り、
「やはりここは！」と思う100のスポットや体験を1冊にまとめました。
はじめましてニューヨークなビギナーさんも、
地下鉄の路線図が頭にインプットされているリピーターさんも、
この本を通して「新しいニューヨーク」に出合ってもらえたらうれしいです。

ニューヨークってどんな街？

「ニューヨークは、アメリカの中にある別の国」。
そんなふうに話すニューヨーカーもいるぐらい、この街は他に類を見ない場所。
あらゆる移民が暮らし、多様な文化が混じり合うメトロポリス。
アート、音楽、ファッション、食、すべてがクリエイティブで革新的。
目まぐるしく変化する街を歩けば、
いつだって"新しいニューヨーク"に遭遇します。

〔この本で紹介しているエリア〕

マンハッタン、ブルックリン、クイーンズ、ブロンクス、スタテンアイランドという5つの区か
ら成るニューヨーク市。本書では、主にマンハッタンとブルックリンにあるスポットを掲載。区
やエリアによって、景色も歩いている人の雰囲気もがらりと変わる。それがおもしろいところ
です。

｜アッパー・サイド
セントラル・パークの西側がアッパー・ウエスト・サイド、東側がアッパー・イースト・サイド。
博物館や美術館を有する閑静な街。

｜ミッドタウン
高層ビルが建ち並ぶオフィス街と、タイムズ・スクエアや5番街などの観光スポットが混在して
いる中心部。

｜チェルシー & ウエスト・ヴィレッジ & イースト・ヴィレッジ
ギャラリーが密集するチェルシー。ジャズクラブが点在し、文化の香りがするウエスト・ヴィレ
ッジに対し、イースト・ヴィレッジは多国籍な飲食店が集中するにぎやかな一帯。

｜ソーホー & ロウワー・イースト・サイド & ロウワー・マンハッタン
ブランドショップであふれるソーホー。移民の街ロウワー・イースト・サイドは、ギャラリーや
レストランが続々開店しているエリア。ロウワー・マンハッタンには、金融街があります。

｜ダンボ
マンハッタンのダウンタウンから橋を渡った先にある、ブルックリンの一大観光地。元は倉庫
が建ち並ぶ工業地帯。

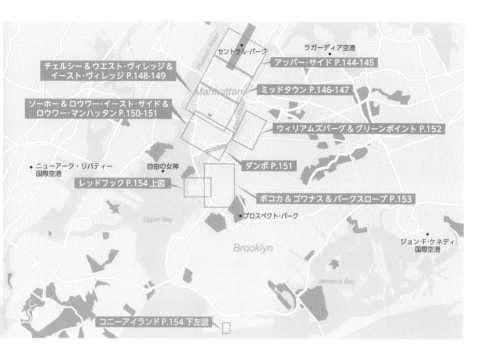

ウィリアムズバーグ & グリーンポイント

セントラル・パーク / ラガーディア空港 / アッパー・サイド P.144-145 / ミッドタウン P.146-147 / チェルシー & ウエスト・ヴィレッジ & イースト・ヴィレッジ P.148-149 / ソーホー & ロウワー・イースト・サイド & ロウワー・マンハッタン P.150-151 / ウィリアムズバーグ & グリーンポイント P.152 / Manhattan / Hudson River / East River / ニューアーク・リバティー 国際空港 / 自由の女神 / ダンボ P.151 / レッドフック P.154 上図 / ボコカ & ゴワナス & パークスロープ P.153 / Upper Bay / プロスペクト・パーク / Brooklyn / ジョン・F・ケネディ 国際空港 / Jamaica Bay / コニーアイランド P.154 下左図

| ウィリアムズバーグ & グリーンポイント

ホテル、ショップ、レストランが新規開店、ブルックリンの中で変化がめまぐるしいエリア。イーストリバーを挟んだ、マンハッタンの対岸にあります。

| ボコカ & ゴワナス & パークスロープ

ボコカとパークスロープは、住宅街にショップが点在するヒューマンスケールな街。一方のゴワナスは運河沿いに広がる倉庫街。

| レッドフック

ブルックリンの港町。海沿いならではのゆるい空気が流れています。地下鉄の最寄駅から遠く、車でのアクセスが便利。

| コニーアイランド

ブルックリンの南端にあるビーチ。シティにはない観光地ならではの雰囲気が味わえます。

ニューヨークのきほん

知っておきたい基本情報と旅のコツを紹介します。

● 所要時間と時差

直行便で約13時間。日本との時差は14時間、サマータイムの期間（3月の第2日曜日から11月の第1日曜日）は13時間です。アメリカへの旅行（90日以内の滞在）には、事前に電子渡航認証システムESTA（エスタ）への申請が必要。

● 通貨とレート

通貨はドル（$）。2019年12月現在、1ドルは約109円です。クレジットカードを使える店がほとんどで、クレジットカードしか利用できないコーヒースタンドなども。Apple Pay（アップルペイ）に対応している店も増えています。

● JFK空港から市内へ

ジョン・F・ケネディ国際空港（JFK空港）は、日本からの直行便のほか多くの国際線が発着するニューヨークの玄関口。空港から市内へはエアトレイン＆地下鉄や、空港バスもあるけれど、スーツケースを持っている場合はタクシー利用が楽。違法な白タクが声をかけてきても無視して、タクシー乗り場へ。係員に行き先を告げ、指定された車へ乗り込むしくみ。マンハッタンへは一律$52（有料道路代と税金、18〜20%のチップが別途必要。トータルで約$70。ピーク時は$4.5の上乗せアリ）。所要時間は40〜60分。日本からの直行便は、隣のニュージャージー州にあるニューアーク・リバティ国際空港に到着するものもあります。

● 市内の移動（地下鉄＆バス）

地下鉄は24時間営業。駅にある券売機でメトロカードを購入して乗車します。距離に関係なく料金は一律$2.75。Regular MetroCardは、希望額をチャージして使うプリペイド式。地下鉄をたくさん利用予定なら、1週間乗り放題の「7-Day Unlimited Ride（$33）」が便利。メトロカードはバスでも利用できます。

● タクシーやカーサービス

イエローキャブ、グリーンキャブ（正式名はボロ・タクシー。マンハッタンの中心部では乗車できない）が街中を走っている他、Uber（ウーバー）やLyft（リフト）といったカーサービスも充実。行き先を英語で告げる手間が省けるカーサービスは、旅行客の強い味方。地下鉄が網羅されておらず、タクシーの台数もマンハッタンほど多くないブルックリンでの移動はカーサービスが便利。日本でアプリをダウンロードし、カード情報などを登録しておけば、すぐに使えます。

● 街歩き

マンハッタンの道路は碁盤の目になっていて、東西を結ぶ横の道がStreet、南北を結ぶ縦の道がAvenue。ストリートは北へ進むにつれ、25th、26th、27thと数字が大きくなり、南はその逆。自分がどちらの方向へ歩いているかすぐにわかります。ウエスト・ヴィレッジや、ブルックリンの一部は、道が入り組んでいたり、ストリートが数字ではなく名前になっていたりしてわかりづらいので、Google Mapsなどの地図アプリを活用しましょう。

● Wi-Fi

ホテルはもちろん、美術館やカフェではフリー Wi-Fi が用意されていますが、街中すべての場所でフリー Wi-Fi が使えるわけではありません。地図アプリやカーサービスアプリを利用することを考えると、日本で Wi-Fi 機器を借りるなどして、常にネットに接続できる状態にしておくのがベスト。

● チップ

まれにチップ込みの店もありますが、多くのレストランやバーではチップが必要。合計額の18〜20％のチップを支払います。ファストフード店やセルフサービスの店では不要です。

● レストランでの会計

レストランでの会計は、テーブルで行います。店員に「Check, please（チェック、プリーズ）」と伝えれば伝票を持ってきてくれるので、現金かクレジットカードを添えて渡します。クレジットカードの場合は、チップ（TipまたはGratuity）の欄が空白の伝票が2枚（店用と自分用）戻って来るので、Merchant Copy（店用）の方へチップの額を記入し、サインをしてテーブルに置きます。現金払いの場合は、支払いの後にチップをテーブルに置くか、最初からチップ込みで支払い、おつり不要という意味で「No Change」と伝える方法があります。

● レストランの予約

レストランのディナー時は混み合うため、事前に予約することをおすすめします。Open Table（オープンテーブル）や Resy（レシー）などのオンラインサービスで簡単に予約できる店がほとんど。中には予約を取らない Walk-in（予約なしの客）オンリーの店もあります。

● バーに行くときは

バーやお酒を提供する場所では、年齢確認のため身分証明書の提示を求められることがあります。パスポートを持参するようにしましょう。

● お水

ニューヨークの水道水は安全、飲んでも問題ありません（もちろん心配な場合はペットボトルの水を購入してください）。レストランでは「Tap Water（タップ・ウォーター）」と伝えれば無料の水道水がグラスに注がれます。

● トイレ

ニューヨークの一番の問題がトイレです。地下鉄の駅にはトイレがなく、街中にも公衆トイレがありません。食事をした飲食店で済ませるか、美術館やホテル、デパートのトイレを利用するのが一般的。スターバックスコーヒーやマクドナルドのトイレを利用する手もありますが、最近は利用の際に暗証番号が必要な場合もあります（商品を購入すれば教えてもらえます）。

● お店でのマナー

ショップでもレストランでも、「Hi, how are you？」と声をかけられるニューヨーク。挨拶みたいなものなので、そんなときは「Good. How are you?」と答えましょう。レストランで食事をしていると、店のスタッフから「How's everything？（料理はいかがですか？）」と聞かれます。そんなときは「Great！」「Delicious！」など感想を伝えましょう。

● 営業時間、クリスマスや大みそか

夏期と冬期で営業時間が異なったり、店の都合で定休日が変わったりする場合があるので、出かける前に Google Maps で確認を（店の公式サイトよりも Google Maps の方が、変更が即座に反映されることが多い）。11月第4木曜日のサンクスギビング、12月25日のクリスマス、1月1日の元日は、祝日のため店や美術館の多くがクローズします。

● 電圧

アメリカの電圧は日本よりやや高めの120 V。コンセントの穴は3つですが、日本の二又プラグも利用可能。日本の充電器や電化製品を使っても問題ない場合が多いです。

この本の使い方

本書は、厳選した「ニューヨークでしたい100のこと」を「ニューヨークの日常にふれる」「ニューヨークを味わいつくす」「"とっておき"を手に入れる」「忘れられない思い出を作る」という4つの大きなテーマに分けて提案しています。

4つの大きなテーマを、さらに小さなテーマで分けています。

したいことリスト番号

店名・観光スポット名

Ⓐ ニューヨークのZip Code（ジップコード。郵便番号）。マンハッタンとブルックリンで同じ通り名があり、Google Mapsなどの地図アプリで誤って違う目的地を検索してしまうことも。ジップコードはその際の見極めに役立ちます。

Ⓑ 地下鉄の最寄り駅。スポットによっては多数の最寄り駅があることも。その場合は、スポットまで行きやすい駅を記しています。同じ駅でも路線によって場所が異なり、構内乗り換えができないことがあるのでご注意ください。

Ⓒ 2019年12月現在の情報のため、変更になることがあるのでご了承ください。

Ⓓ 無休の場合でも、1/1、サンクスギビング（11月の第4木曜日）、12/25は休みのことが多いです。また、定休日以外でもお店や観光スポットの都合により休みの場合があります。お店によっては夏期と冬期で営業時間が異なったり、定休日が変わったりすることがあります。

Ⓔ 代表的なメニューの料金など、目安となる予算を記しています。2019年12月現在、1ドルはおよそ109円です。

地図はP.144以降のページに掲載しています。

MAP » P.150 C-1 / ソーホー＆ロウワー・イースト・サイド＆ロウワー・マンハッタン＆ダンボ 🍴

番地 ── 17 Cleveland Place, New York, NY 10012 Ⓐ
電話：212-966-5585
通りの ── 最寄駅：Spring St Ⓖ / Bowery Ⓙ Ⓩ Ⓑ
名前 営業日：月－金 9:00－21:00、土・日 11:00－20:00 Ⓒ
定休日：無休 Ⓓ
予算：チーズケーキ1個 $4.95、ホール（直径約15cm）$19～ Ⓔ
eileenscheesecake.com

したいことリスト番号

ジャンル

店名・スポット名

Eileen's Special Cheesecake
アイリーンズ・スペシャル・チーズケーキ
P.62 (チーズケーキ)

ページ数

お店や観光スポットの種類を
アイコンで示しています。

食べる
（カフェ、レストラン、店内で飲食可能なベーカリーなど）

おいしいものを買う

暮らしの品を買う

おしゃれの品を買う

見る

泊まる

Contents

CHAPTER 1

ニューヨークの
日常にふれる

市民の庭みたいなセントラル・パーク。
街行く人の目を楽しませるストリートアートや名建築。
ニューヨーカーが日常的に親しんでいるあれこれから、
思わず街にシンパシーを感じる歴史的なスポットまで。
暮らすように旅する、ニューヨークのはじまりです。

Experience New York City as a "New Yorker"

街中のアートに
刺激を受ける

パブリックアートから
芸術の力を感じる

Alamo by Tony Rosenthal

アラモ by トニー・ローゼンタール

1967年に設置されたキューブ型の彫刻は、彫刻家、トニー・ローゼンタールの作。凹凸や溝、穴が意図的に施された重厚なキューブ、実は回転させることができます。

MAP » P.149 E-3 / チェルシー & ウエスト・ヴィレッジ & イースト・ヴィレッジ

149-179 E 8th Street, New York, NY 10003
最寄駅：Astor Pl **6** / 8 St-NYU **RW**

Group of Four Trees by Jean Dubuffet

グループ・オブ・フォー・ツリーズ
by ジャン・デュビュッフェ

フランスの画家、ジャン・デュビュッフェによるモノトーンのオブジェ。密接し複雑に繋がる4つの木を表現。すぐそばにそびえ立つ人工的なビルとの対比がユニーク。

MAP » P.150 C-4 / ソーホー & ロウワー・イースト・サイド & ロウワー・マンハッタン & ダンボ

28 Liberty Street, New York, NY 10005
最寄駅：Wall St **2345** / Broad St **JZ**

ニューヨークの街に溶け込み、景色のひとつになっている美術館級のアートたち。しみじみ眺めたり、手でふれたり、写真を撮ったり（中にはアート作品の横でランチを食べるツワモノのニューヨーカーも……）、思い思いに芸術作品を体験してください。

Red Cube *by Isamu Noguchi*
レッド・キューブ by イサム・ノグチ

四角いキューブの一角で絶妙なバランスを保ちながら佇む赤い作品は、彫刻家イサム・ノグチによるもの。高層ビル群の中に咲いた、一輪の花のような存在感。1968年の作。

MAP » P.150 C-4 / ソーホー＆ロウワー・イースト・サイド ＆ロウワー・マンハッタン＆ダンボ

140 Broadway, New York, NY 10006
最寄駅：Fulton St **ⒶⒸⒿⓏ②③④⑤**

Hope *by Robert Indiana*
ホープ by ロバート・インディアナ

活字のLOVEを絵画や彫刻で表現したアートで知られる現代美術家、ロバート・インディアナ。LOVE以外にも、こんな力強い作品がミッドタウンのオフィス街に設置されています。

MAP » P.146 C-2 / ミッドタウン

200 W 53rd Street, New York, NY 10019
最寄駅：7 Av **ⒷⒹⒺ**

壁に描かれた
ストリートアートを
仰ぎ見る

巨大なレンガの壁に描かれた写実的な絵から、レストランの外壁に施された落書きみたいなアートピースまで。ストリートアートは、ニューヨークの街を演出する仕掛けのひとつ。遭遇する率が高いのは、マンハッタンのノリータ、ロウワー・イースト・サイド、ブルックリンならウィリアムズバーグやブッシュウィックなど。地下鉄Lラインの Jefferson St（ジェファーソン・ストリート）駅界隈は、ストリートアートの発信地として知られ、ツーリストがわざわざ訪れるほど。運が良ければ、壁面に対峙し絵を描くアーティストの姿を目撃することもできます。

左上｜ブラジル人アーティストによるマイケル・ジャクソンの壁画。場所はイースト・ヴィレッジ。
右下｜同じアーティストによるウォーホル＆バスキアの作品。

下｜1980年代のキース・ヘリング以来、アーティストが入れ替わりで描くバワリー・ミューラル（**MAP** » P.149 E-4）。

地下鉄のタイル壁画を
観賞する 📷

地下鉄ホームの壁や柱はもちろん、駅名の表示もタイルで作られていたりして、タイル好きとしては、思わず色めき立ってしまうのがニューヨークのサブウェイ。いくつかの駅構内には、風景や人の顔がモザイクタイルで緻密に表現されたタイルアートが飾られていて、移動中に偶然発見したときの喜びといったらありません。駅という無機質な場所に、色彩をもたらすタイルアート。忙しなく行き交う人々の歩みをゆるめさせ、心を和ませてくれる。街中アートって素晴らしい。そう思える存在です。

Metropolitan Av **G** 駅：MAP » P.152 C-3 / ウィリアムズバーグ & グリーンポイント
タイルで表現された駅名がクール。乗り換え通路にはアーティストによるタイルアートも。

23 St **F M** 駅：MAP » P.148 C-1 / チェルシー & ウエスト・ヴィレッジ & イースト・ヴィレッジ
犬をモチーフにしたアート作品で知られるウィリアム・ウェグマンによる犬のタイルアート。

上 | 72 St Ⓠ 駅：MAP » P.145 E-3 / アッパー・サイド
市井の人々をモザイクタイルで表現。ブラジル出身のアーティスト、ヴィック・ムニーズ作。

中 | 86 St Ⓠ 駅：MAP » P.145 E-1 / アッパー・サイド
2017年開通のQライン。86丁目の駅を飾るのは、チャック・クローズによる作品「Subway Portraits」。

下 | 23 St ⓇⓌ 駅：MAP » P.149 D-1 / チェルシー＆ウエスト・ヴィレッジ＆イースト・ヴィレッジ
中折れ帽やベレー帽、あらゆる帽子がモザイクタイルで表現された地下鉄ホーム。

セントラル・パークを
私流に楽しむ

ニューヨーカーと肩を並べ
ジョギングする

Central Park

セントラル・パーク

散歩、ピクニック、読書、サイクリング、ぼー
っとする、植物を観察する、昼寝をする……。
百人百様の楽しみ方があるセントラル・パーク。
時差ボケで早く目が覚めてしまった朝には、ジ
ョギングなんてどうでしょう？　公園のやや北
側にあるジャクリーン・ケネディ・オナシス貯
水池まわり（一周が約2.5km）は、すこーんと抜
けた景色が清々しいジョギングコース。ニュー
ヨーカーと肩を並べて走れば、映画やドラマの
ワンシーンに紛れ込んだ気分。前日に食べ過ぎ
てしまった分のカロリーも、しっかり消費でき
ます。

MAP » P.144 C-1 / アッパー・サイド 📷

貯水池は東西86丁目〜96丁目のあたり
最寄駅：86 St ④⑤⑥Ⓑ Ⓒ
営業日：6:00 - 1:00
定休日：無休
centralparknyc.org

セントラル・パークのサイトに Running Map が掲載されてい
るので参考に。ひと気の少ない早朝や深夜は避けましょう。

緑のオアシスを
屋上から眼下に見る

The Metropolitan Museum of Art

メトロポリタン美術館

目の前一面に広がるのは、緑の絨毯みたいなセ
ントラル・パーク。その向こうに浮かぶのは、
まるで蜃気楼のようなマンハッタン。公園の中
では得られない、そんな希有な眺望を手に入れ
たければ、隣接するメトロポリタン美術館へ。
コンテンポラリーアートが展示されている5階
のルーフトップ・ガーデン（5月頃〜10月頃のみ
オープン）からは、セントラル・パークの別の
姿に出合えます。天候が良い日は、ドリンクや
スナックを提供するバーもオープン。ビールを
飲みながら、お花見気分で大都市のオアシスを
見下ろす、なんて贅沢が叶います。

MAP » P.145 D-2 / アッパー・サイド

1000 5th Avenue, New York, NY 10028
電話：212-535-7710
最寄駅：86 St ④⑤⑥
営業日：月−木、日 10:00 - 17:30、金土 10:00 - 21:00
定休日：無休
料金：大人 $25、シニア $17、学生 $12
metmuseum.org

美術館の入館料を支払えば、誰でも
ルーフトップ・ガーデンに入場する
ことができます。

メリーゴーラウンド
を愛でる

ヴィンテージの回転木馬を
眺めて、乗って、楽しむ

Central Park Carousel

セントラル・パーク・カルーセル

MAP » P.144 C-4 / アッパー・サイド

1802 E 65th Street, New York, NY 10065
電話：212-439-6900
最寄駅：66 St - Lincoln Center ❶ /
　　　　59 St - Columbus Circle 🅰🅱🅒🅓❶
営業日：10:00 - 18:00（天候による）
料金：$3.25
centralparknyc.org

趣ある古い木馬にまたがり、童心に返る。そんなメリーゴーラウンド体験をニューヨークで。セントラル・パークにある回転木馬は、1908年製。ブルックリンで放置されていたものが修復され、公園内に設置されたもので、ひとつずつ手彫りで作られた57体の木馬が、オルガンの曲に合わせてぐるぐるとまわります。ブルックリンのダンボにある回転木馬は、1920年代のヴィンテージ。丁寧に修復された後、建築家ジャン・ヌーヴェルによるガラスのパビリオンの中に収められ、夢のような光景を作り出しています。

意匠が凝らされたセントラル・パークのメリーゴーラウンド。

Jane's Carousel

ジェーンズ・カルーセル

MAP » P.151 E-3 / ソーホー＆ロウワー・イースト・サイド
＆ロウワー・マンハッタン＆ダンボ

Old Dock Street, Brooklyn, NY 11201
電話：718-222-2502
最寄駅：High St **AC** / York St **F**
営業日：木−日11:00-18:00（夏期は19:00まで）
定休日：月・火・水（夏期は火のみ）
料金：$2
janescarousel.com

対岸のマンハッタンを一望できる素晴らしいロケーション。土日は家族連れで大混雑。

とっておきの公園で
くつろぐ

ビルの谷間にある
小さなオアシスを訪れる

Paley Park
ペイリー・パーク

マイナスイオン。ここは思わずそんな単語を思い浮かべる公園。緑の蔦の壁に挟まれたコの字型で、正面の壁は一面、流れ落ちる滝。清らかな水の音で、街の喧騒が見事にかき消されています。ペイリー・パークは、アメリカのテレビ・ネットワークCBSのオーナーだったウィリアム・ペイリーの出資で、1967年に作られた公園。英語では"ポケットパーク"なんて呼ばれている、390平米の小さな憩いの場。オフィスビルが密集するミッドタウンのど真ん中に、ぽっかりと空いた異空間のようです。

MAP » P.147 D-2 / ミッドタウン

3 E 53rd Street, New York, NY 10022
電話：212-639-9675
最寄駅：5 Av - 53 St **E M**
営業日：8:00 - 20:00
定休日：無休

夏はサイカチの木々が頭上に葉を広げ、涼しげな木陰をつくります。

芝生でのんびりしながら
対岸のマンハッタンを眺める

Domino Park

ドミノ・パーク

ニューヨークの街は、市民をもてなすのがうま
い。そう感じる公共公園のひとつが、ドミノ・
パーク。ウィリアムズバーグの川沿い、広大な
砂糖精製工場の跡地にオープン。ウィリアムズ
バーグ橋とマンハッタンのスカイラインが同時
に拝めるベストポジションです。縦長の細長い
レイアウトに、芝生の広場、子ども用のプレイ
グラウンド、ドッグランやビーチバレーコート
のほか、人気バーガーチェーン、Shake Shack
（シェイク・シャック）の創業者ダニー・マイヤ
ーによるタコススタンドも。五感が大いに甘や
かされる公園です。

MAP » P.152 A-4 / ウィリアムズバーグ＆グリーンポイント

300 Kent Avenue, Brooklyn, NY 11249
電話：212-484-2700
最寄駅：Marcy Av ⓙⓜⓩ / Bedford Av ⓛ
営業日：6:00-1:00
定休日：無休
dominopark.com

100 THINGS TO DO IN NEW YORK
8 / 100

ドミノシュガー社の工場跡地。園内には、工場で使
われていたタンクやクレーンが、アートオブジェの
ように置かれています。

ＮＹの歴史に
思いを馳せる

失われた命を悼み、
祈りをささげる

9/11 Memorial
ナインイレブン・メモリアル

あまりにも衝撃的だった2001年9月11日の同時多発テロ事件。3000人近くの命が奪われたその跡地に、犠牲者を追悼するべく作られたのが、メモリアル博物館と南北2つの池。四角い漆黒の池は、かつてツインタワーが建っていたまさにその場所にあり、静かに粛々と水が流れ落ちるというモニュメント。失われた命の大きさや重み、喪失感と同時に、繰り返し流れる水から感じるのは、流転する命、未来。池を眺めていると、心の奥深くを静かに揺さぶられるかのよう。カタルシス（心の浄化）が得られるスポットです。

MAP » P.150 C-4 / ソーホー＆ロウワー・イースト・サイド ＆ロウワー・マンハッタン＆ダンボ

180 Greenwich Street, New York, NY 10006
電話：212-312-8800
最寄駅：WTC Cortlandt ❶ / Cortlandt St Ⓡⓦ
営業日：7:30 - 21:00
定休日：無休
www.911memorial.org

池は南北に1つずつ。まわりを囲む欄干には、犠牲者の名前が彫られています。

移民の部屋と暮らしを
ガイドツアーで巡る

Tenement Museum

テネメント・ミュージアム

MAP » P.151 E-1 / ソーホー＆ロウワー・イースト・サイド ＆ロウワー・マンハッタン＆ダンボ 📷

103 Orchard Street, New York, NY 10002
電話：877-975-3786
最寄駅：Delancey St - Essex St 🅕🅙🅜🅩
営業日：月−水、金、日 10:00 - 18:30、木 10:00 - 20:30、
　　　　土 10:00 - 19:00
定休日：無休
料金：大人 $27〜、シニア $22〜、学生 $22〜
tenement.org

移民の存在がなければ、今のニューヨークはなかった。そんな歴史を学べる希少な博物館。19世紀から20世紀にかけて、東欧などから移民が押し寄せたロウワー・イースト・サイド。彼らが実際に生活した長屋をガイドと共に巡りながら、暮らしぶりにふれるというツアースタイル。当時のインテリアを再現した築100年超えの部屋からは、労働者階級の移民たちが身を寄せ合い生活しながらも、ニューヨークという新天地で逞しく生きたドラマを体感できます。ツアーはいずれも英語のみ、所要時間は1時間〜1時間半。異なる時代＆テーマで5〜6種類用意されています。

photo by Tenement Museum

photo by Tenement Museum

photo by Keiko Niwa/Tenement Museum

photo by Keiko Niwa/Tenement Museum

チケットは事前にオンラインで購入を。ミュージアムショップも兼ねたビジターセンターがツアーの出発地。

自由の女神の姿を
とらえる

ブルックリンから
女神の姿を近くに感じる

Red Hook Dock
レッドフック・ドック

自由の女神に一番近いブルックリンが、海沿い
に位置するレッドフック。湾を挟んだすぐ先に
浮かぶのが、女神がそびえ立つリバティ・アイ
ランド。レッドフックの南端にあるスーパーマ
ーケット、Fairway（フェアウェイ）の裏手にあ
るフェリー乗り場のレッドフック・ドック辺り
からの眺めがベストです。港町ならではのレン
ガ倉庫が建ち並ぶ風景と共にとらえる女神の姿。
おすすめは、空がうっすらピンクや赤に染まる
日没前のタイミング。感動的なビューが期待で
きます。

MAP » P.154 / レッドフック　

500 Van Brunt Street, Brooklyn, NY 11231
最寄駅：Smith - 9 Sts **F** **G** ＋ バス B61

整備された遊歩道にはベンチが置かれ、女神鑑賞スポットに
なっています。

チケットはアプリ、船着き場の券売機や船上のスタッフから購入を。

フェリーに乗って
横顔をちらりと拝む

NYC Ferry

ニューヨーク・フェリー

MAP » P.152 A-3 / ウィリアムズバーグ & グリーンポイント

North Williamsburg 乗り場
N 6th Street and Kent Ave, Brooklyn, NY 11249
最寄駅：Bedford Av **L**
運航時間：平日6時台〜21時台、土日7時台〜21時台
料金：大人片道 $2.75
ferry.nyc

マンハッタンのミッドタウンと、ウォールストリートの間を運行しているイーストリバー・フェリー。ブルックリンのグリーンポイント、ウィリアムズバーグ、ダンボを通るルートのため、マンハッタンビューや、壮大な橋の下をくぐる体験が待っています。最大の見せ場は、ダンボ近辺から橋越しに望む自由の女神像。青空の下で拝む凛々しい横顔も、夕焼け空の下で拝むほんのりピンクな横顔も、どちらもチャーミング。ミッドタウンからダンボへ南下する場合は、Downtown 行き（Wall Street / Pier 11 行き）、逆にウォールストリートから北上する場合は、Uptown 行き（East 34th Street 行き）に乗船を。

フリーマーケットで
掘り出し物をあさる

ヴィンテージの
いいものと出合う

Brooklyn Flea
ブルックリン・フリー

古いモノをハントする。それは週末のブルック
リンで熱狂することのひとつ。毎シーズン場所
を変え開催されるブルックリン・フリーは、ヴィ
ンテージの衣類や雑貨に加え、アクセサリーや
キャンドルといったアーティストの作品も販売
するカオスなマーケット。石版画のプリントか
ら60年代の食品見本まで、マニアックな紙も
のの宝庫 Windsor Place Antiques（ウィンザー・
プレース・アンティークス）や、懐かしのビニー
ル人形、ピンバッジなど、こまごましたガラク
タ雑貨のパラダイス Dan's Parents' House（ダン
ズ・ペアレンツ・ハウス）は必ず立ち寄りたい
ブース。

MAP » P.152 A-3 / ウィリアムズバーグ＆グリーンポイント

51 N 6th Street, Brooklyn, NY 11249
最寄駅：Bedford Av Ⓛ
営業日：土 10:00 - 17:00
他店舗：日曜はダンボ（80 Pearl Street）にて開催。
冬期は土日とも Williamsburg（25 Kent Avenue）で開催。
シーズンごとに開催場所や時間が異なるので事前にウェブサイトで
確認を。
brooklynflea.com

下｜目利きのオーナー、レベッカさんが収集した紙ものに毛穴
全開。ウィンザー・プレース・アンティークス。

28

上左＆中｜ダンズ・ペアレンツ・ハウスでは、70年代や80年代のおもちゃに遭遇し、大人たちが大興奮。

看板猫に
会いに行く

猫がロビーで出迎える
ホテルに滞在する

The Algonquin Hotel

アルゴンキン・ホテル

心優しきオーナーが、野良猫をホテルの中へ招き入れて以来、80年以上にわたり看板猫が代々働くホテル。オス猫はハムレット、メス猫はマチルダと名づける慣習で、2017年から看板猫を務めるのは、3歳になるオレンジ色のオス猫ハムレット。穏やかな性格の元保護猫で、撮影で訪れた日も「ハムレットはどこ？」というゲストが、次々とロビーへやって来るほどの人気ぶり。ちなみに先代はメス猫のマチルダ。噛んだり、シャーしたりと、やりたい放題の女王猫は、そのツンデレっぷりで世界の猫好きから愛されていました。

MAP » P.147 D-3 / ミッドタウン

59 W 44th Street, New York, NY 10036
電話：212-840-6800
最寄駅：42 St - Bryant Pk **B** **D** **F** **M** / 5 Av **7**
予算：1部屋 $259〜
algonquinhotel.com

Photo by The Algonquin Hotel

Photo by The Algonquin Hotel

ハムレットはロビー脇のスタッフルームに常駐。窓際のベッドで眠る姿を、通りからガラス越しに愛でることもできます。

本の上に鎮座する
アイドル猫の姿を目撃する

Community Bookstore
コミュニティ・ブックストア

売り物の本の上に堂々と座り、お客を一瞥した
り、我が物顔で昼寝をしたり……。いかにも猫
らしい振る舞いで、ファンに愛されている看板
猫がこの書店のオス猫、タイニー。この日も常
連の女子が、おやつを持って来店。しばし遊ん
でもらってご褒美をもらい、大満足のタイニー
なのでした。本やテレビで取り上げられ、タイ
ニー詣でに観光客が訪れるほど。写真を撮影し
たり、体を撫でたりはもちろんOKだけれど、
ぜひ買い物も楽しんで、看板猫を大切に世話し
ている書店に貢献を。売れ筋はオリジナルのト
ートバッグ（$10）です。

MAP » P.153 C-3 / ボコカ＆ゴワナス＆パークスロープ

143 7th Avenue, Brooklyn, NY 11215
電話：718-783-3075
最寄駅：7 Av ❸❷
営業日：月-土 9:00-21:00、日 10:00-19:00
定休日：無休
communitybookstore.net

インスタグラムのフォロワーが5000人近くもいるアイドル猫。
ちなみに犬と子どもが苦手です。

個性的なマーケットを
ぶらつく

味なおみやげを
駅ナカで調達する

Grand Central Market
グランド・セントラル・マーケット

地下鉄と鉄道が乗り入れるグランド・セントラル駅は、人の往来が一日中絶えない場所。駅ナカにはフードコートや売店、ギフトショップのほか、生鮮食品などを扱うマーケットも用意されています。マンハッタンのグルメスーパーEli Zabar（イーライ・ゼイバー）や、チーズ専門店の Murray's Cheese（マレーズ・チーズ）、老舗のチョコレート店 Li-Lac Chocolates（ライラック・チョコレーツ）に、ブルックリンのベーカリー Bien Cuit（ビアン・キュイ）といった "おいしい" ラインナップ。おみやげが一気に買えてしまう、便利なマーケットです。

MAP » P.147 D-3 / ミッドタウン

89 E 42nd Street, New York, NY 10017
電話：212-340-2583
最寄駅：Grand Central - 42 St ④⑤⑥⑦
営業日：月-金 7:00 - 21:00、土 10:00 - 19:00、日 11:00 - 18:00
定休日：無休
grandcentralterminal.com/grand-central-market

Photo courtesy of Grand Central Terminal

イエローキャブなどをかたどった愉快なアイシングクッキーは、イーライ・ゼイバーにて。各 $6。

ライラック・チョコレーツのチョコがけプレッツェルはおみやげの定番。ミルクとダークの2種あり。10ピースで $9.5。

ブルックリンのベーカリー、ビアン・キュイでは、ミニバゲット $2、サワーチェリー入りのパン $6を。

リニューアルした
公設市場で美味を探す

Essex Market

エセックス・マーケット

肉屋に魚屋、日用品も売るグローサリー、ベーカリーなど、30以上の店が軒を連ねる屋内マーケット。始まりは1888年、手押し車で野菜やピクルスを売っていた路上マーケット。移民で賑わいをみせた1940〜50年代、スーパーに押され縮小した90年代を経て、2019年商業ビル内にリニューアルオープン。クセの強い老舗ダイナー Shopsin's（ショップシンズ）から、ヴィーガン食品店まで、なんでもあり。チーズや調味料など、間違いのない味が探せるのは、Formaggio Essex（フォルマッジオ・エセックス）。おみやげには Essex Olive & Spice（エセックス・オリーブ＆スパイス）のブレンドスパイスを。

MAP » P.151 E-1 / ソーホー＆ロウワー・イースト・サイド＆ロウワー・マンハッタン＆ダンボ

88 Essex Street, New York, NY 10002
最寄駅：Delancey St - Essex St Ⓕ Ⓙ Ⓜ Ⓩ
営業日：月-土 8:00-22:00、日 10:00-20:00
（営業時間は店によって異なります）
定休日：無休
essexmarket.nyc

100 THINGS TO DO IN NEW YORK 17/100

2階はテーブルと椅子がたっぷり用意されたイートインスペース。もちろんトイレも完備。"助かる" マーケットです。

"商業の大聖堂"に
圧倒される

The Woolworth Building
ウールワース・ビルディング

1870年代に"100均"ショップの前身「5セントショップ」を開店し、大成功を収めた実業家のフランク・ウールワースが、富を見せびらかすために建てたという高層ビル。ゴシック様式の教会みたいな建物は、鉄骨構造と高速エレベーターを採用、外壁は耐火性のあるテラコッタタイルで装飾するなど、当時のモダンテクノロジーを駆使した殿堂。圧巻は、ロビーを覆うロマネスク様式の壮麗なドーム型天井。かつて商業の大聖堂と呼ばれていたこのビル、現在はオフィス&居住空間のため、内部をじっくり見学するにはツアーへの参加が必要です。

MAP » P.150 C-3 / ソーホー&ロウワー・イースト・サイド&ロウワー・マンハッタン&ダンボ

233 Broadway, New York, NY 10007
最寄駅：City Hall **RW** / Park Place **23** / Chambers St **AC**
ツアー開催日時はウェブサイトで確認を。
予算：ロビーツアー（30分）$20〜
woolworthtours.com

1913年〜1930年に世界一高いビルとして君臨。
アメリカ人の建築家キャス・ギルバートの代表作。

ツアーは英語のみ。30分、60分、90分の3種類あり、ほぼ毎日開催。ウェブサイトで事前にチケットの購入を。

街のあちこちにある
不思議建物と向かいあう

築100年級の建物がざらなニューヨーク。そんな中、ひときわ目を引く不思議ビルから、アートと形容される最新の建築まで、建物探訪へ。

Flatiron Building
フラットアイアン・ビルディング

1902年建造、三角形の22階建てビル。頑強な建物なのに、薄っぺらく不安定な印象。不思議な魅力を醸し出しています。

MAP » P.149 D-1 / チェルシー＆ウエスト・ヴィレッジ ＆イースト・ヴィレッジ

175 5th Avenue, New York, NY 10010
最寄駅：23 St **Ⓡ Ⓦ**

Tribeca Synagogue
トライベッカ・シナゴーグ

ふっくら丸みのある柔らかな形と、宙に浮いたような軽やかさ。コンクリート製のこの建物は、ユダヤ教の会堂です。

MAP » P.150 C-2 / ソーホー＆ロウワー・イースト・サイド ＆ロウワー・マンハッタン＆ダンボ

49 White Street, New York, NY 10013
最寄駅：Canal St **Ⓐ Ⓒ Ⓔ Ⓙ Ⓝ Ⓠ Ⓡ Ⓦ Ⓩ Ⓢ**

Vessel
ヴェッセル

再開発エリアのハドソンヤードに出現した、イギリス人の建築家トーマス・ヘザウィックによる"登れる"体験型建築。無料の入場チケットは、事前にオンラインで申し込みを。

MAP » P.146 A-4 / ミッドタウン

20 Hudson Yards, New York, NY 10001
最寄駅：34 St - Hudson Yards **❼**
営業日：10:00-21:00

CHAPTER 2

ニューヨークを
味わいつくす

三角ピザ、ベーグルサンド、肉厚ステーキ、ドーナッツ……。
あらゆる食が胃袋を待ち構えるニューヨークでは、
味覚が覚醒されるような未知の味に突き当たることもしばしば。
かのフランスの食通が残した名言、
——新しい食の発見は、惑星の発見よりもわくわくする
をきっと実体験できます。

Where to eat and drink in New York City?

街角フードを
ほおばる

老舗ベーカリーの
巨大サンドイッチに挑む

———————

Parisi Bakery

パリシ・ベーカリー

MAP » P.151 D-1 / ソーホー＆ロウワー・イースト・サイド
＆ロウワー・マンハッタン＆ダンボ

198 Mott Street, New York, NY 10012
電話：212-226-6378
最寄駅：Spring St **6** / Bowery **JZ**
営業日：月−金 8:00 - 16:00、土 9:00 - 16:00
定休日：日
予算：サンドイッチ The "Dennis" $12
parisibakery.com

ジャイアント。そんなサブタイトルがぴったり
な、分厚い特大サンドイッチが名物のベーカリ
ー。ナポリからの移民、ジョー・パリシが1903
年に開店して以来、ずっと家族経営という老舗
で、頼むべきはチキンカツと生ハム、モッツァ
レラチーズ、トマトにバジルペーストなどを挟
みこんだ The Dennis（ザ・デニス）。手渡され
た時の重みに一瞬ひるむけれど、その芸術的な
具のレイヤーにほれぼれ。大口を開けてかじり
つけば、食感・塩気・酸味が三位一体となった
おいしさ。時間がたつと具の水分がパンにしみ
てくるので、ぜひできたてをほおばりたい。

注文を受けてからサラミやチーズをスライス、パンにサンド。
歌手のフランク・シナトラもこの店のファンだったとか。

野菜たっぷりの
ミドルイースタンを味わう

Taïm
タイーム

MAP » P.150 C-4 / ソーホー & ロウワー・イースト・サイド & ロウワー・マンハッタン & ダンボ

75 Maiden Ln, New York, NY 10038
電話：212-226-1248
最寄駅：Fulton St ⒶⒸⒿⓏ②③④⑤
営業日：11:00 - 21:00
定休日：無休
予算：ファラフェルのピタサンドイッチ $8.95
他店舗：222 Waverly Place、45 Spring Street ほか
taimfalafel.com

すりつぶした豆のコロッケ・ファラフェル、ひ
よこ豆のペースト・フムス、ゴマのペースト・
タヒニ、揚げナスのサビク。中東料理は思いの
ほか野菜が主役で、スパイスの刺激もほどよく、
親近感を覚える味だと気づかせてくれる店。メ
ニューは、ピタパンで具を挟むサンドイッチと、
プレートに具を盛るプラッター（ピタパンは別
添え）から選ぶしくみ。スパイスまみれのカリ
フラワー Cauliflower Shawarma（カリフラワー・
シャワルマ）のプラッターは、肉ナシでも十分
なパンチと満腹感。"ミドルイースタン弁当"
と、私は勝手に呼んでいます。

ベジタリアンメニューのみ。ファストフード的な店構えだけれ
ど、料理はすべて店で一から手作りの本格派。

行列ができる店の
ピザスライスにかぶりつく

Paulie Gee's Slice Shop
ポーリー・ジーズ・スライス・ショップ

スライスピザ屋といえば、ニューヨークの街角
でよく目撃する店のひとつ。老若男女が、顔の
大きさほどある三角ピザを、折り畳むようにし
て口の中へ格納し、むしゃむしゃと平らげる。
そんな街の顔に、新たに仲間入りしたのがここ。
オーナーは、行列必至のピザレストランを近所
で経営するカリスマ。そのため常時10種類ほ
ど用意されているスライスピザは、どれも計算
し尽くされた確信犯のおいしさ。トマトソース、
モッツァレラチーズ、ペパロニという平凡なト
ッピングに、ピリ辛の蜂蜜をかけたHellboy（ヘ
ルボーイ）は、「やられた！」と唸る1枚です。

MAP » P.152 A-1 / ウィリアムズバーグ＆グリーンポイント 🍴

110 Franklin Street, Brooklyn, NY 11222
最寄駅：Greenpoint Av **Ⓖ**
営業日：月−木、日12:00 - 23:00、金・土12:00 - 1:00
定休日：無休
予算：スライスピザ $3.5〜
pauliegee.com/slice-shop

100 THINGS TO DO IN NEW YORK
22 / 100

ベジタリアンが増えているニューヨーク。肉を使わず、植物
由来のチーズをのせたヴィーガンピザもある。

絶品ベーグルを求めて
ブルックリンへ出かける

―――――

Shelsky's Brooklyn Bagels
シェルスキーズ・ブルックリン・ベーグルズ

MAP » P.153 B-4 / ボコカ＆ゴワナス＆パークスロープ

453 4th Avenue, Brooklyn, NY 11215
電話：718-855-8817
最寄駅：4 Av - 9 St ⒻⒼⓇ
営業日：月−金 6:30 -16:00、土・日 7:00 -16:00
定休日：無休
予算：ベーグル $1.5〜、
　　　ベーグルサンド Jersey Pork Roll, Egg & Cheese $7.5
shelskys.com/bagel-store

シェルスキーズのベーグルは、手のひらサイズ。ニューヨークの一般的なベーグルに比べ、「小さすぎるってクレームが来ることも」と話すのは店のスタッフ。でも小ぶりなベーグルこそ、昔ながらの製法で作られた本来のベーグルなのだそう。もっちりとして、噛むほどに粉の味がするベーグルは、そのまま食べても、具を選んでサンドイッチにしても。スモークサーモン＆クリームチーズもいいけれど、ここでは Jersey Pork Roll（ジャージー・ポーク・ロール）を。スモークハムに、ふわふわの卵焼きとチーズが絡みまくり。幸福度が増す味わいです。

花山椒を練り込んだ Sichuan Bagle（シーシュアン・ベーグル）や、ベーグルより小ぶりなユダヤのパン、ビアリも美味。

朝から夜まで、
おいしいを堪能する

パスタにスイーツ、
イタリアの味を満喫する

***

Il Buco Alimentari & Vineria
イルブーコ・アリメンターリ & ヴィネリア

朝は自家製のペイストリーや、甘い揚げドーナ
ッツのボンボローニとエスプレッソ。昼や夜は、
ワインを片手にサラダやカルパッチョ、パスタ
をシェア。ラスティックで賑々しい空間の中、
そうやって一日中イタリア料理を謳歌できるの
がこの店。素揚げしたアーティチョークとプロ
シュート（生ハム）をつまみにワインを飲み、
Bottarga（からすみ）のパスタをすすって、デ
ザートはパンナコッタで〆る。というのがディ
ナータイムの私の基本パターン。料理はすべて
アラカルト。食欲と相談しながら選べるメニュ
ーは、旅行者にもありがたいはず。

***

MAP » P.149 E-4 / チェルシー & ウエスト・ヴィレッジ
& イースト・ヴィレッジ　

53 Great Jones Street, New York, NY 10012
電話：212-837-2622
最寄駅：B'way - Lafayette St ❻❻❺❻ / Bleecker St ❻
営業日：月〜水 8:00 - 22:00、木・金 8:00 - 23:00、
　　　　土 9:00 - 23:00、日 9:00 - 22:00
定休日：無休
予算：前菜 $16〜、パスタ $19〜、メイン料理 $17〜
ilbuco.com/pages/alimentari

2フロアの広い店内。大きなコミューナルテーブルがあり、人数
が多い食事にも対応。

入口を入ってすぐのところに食材店を併設。オリーブオイルやパスタなど、良質なイタリア食材が手に入ります。

ホテルのダイニングで
独創的な味に出合う

Floret

フローレット

季節の素材を巧みに操るコース料理で、美食家
たちに支持されていた、ブルックリンのとある
レストランが閉店して約1年。その店のシェフ
が新たに腕をふるうと聞き、思わず私も駆け付
けたのが、フローレット。2019年春に開業し
たデザインホテル、シスター・シティ（P.122）
の1階にあるダイニング。天才シェフならでは
の、食材の掛け合わせの妙はそのままに、コー
スではなくあれこれ選べるうれしいアラカルト。
朝食のサンドイッチ（ローストチキンとルッコラ、
フェタチーズにピスタチオソースのサンドが絶
品）にすら、シェフのイズムがしっかり感じら
れます。

MAP » P.151 D-1 / ソーホー＆ロウワー・イースト・サイド
＆ロウワー・マンハッタン＆ダンボ 🍴

225 Bowery, New York, NY 10002
電話：646-343-4501
最寄駅：Bowery ❷❷ / 2 Av ❺
営業日：7:00-15:00 / 16:00-22:00
定休日：無休
予算：サンドイッチ $10〜、前菜 $14〜、メイン料理 $19〜
floret.nyc

Photos courtesy of Sister City

Photo by Adrian Gaut

下｜夏のメニューから、玄米の上に蟹の身やキムチ、ラディッ
シュを乗せたニューヨーク版の蟹丼。蟹の旨みしっかり。

伝説のビストロで
フレンチなひと皿に歓喜する

Pastis
パスティス

ドラマ「セックス・アンド・ザ・シティ」にも
登場し人気を博していたものの、閉店してしま
った伝説の店パスティスが、2019年夏に再オー
プン。ヴィンテージのミラーが配されたタイル
張りの壁、クラシックなバーカウンターなどが
気分をぐいぐい盛り上げる店内。フランスのビ
ストロを意識したメニューは、朝食のオムレツ
やクロックムッシュから、ディナーのステーキ
タルタル、エスカルゴ、牛肉の赤ワイン煮込み
まで、胃袋を一日中飽きさせない内容。もちろ
んプロフィットロールやババといったデザート
も、見過ごせません。

MAP » P.148 B-3 / チェルシー＆ウエスト・ヴィレッジ
＆イースト・ヴィレッジ

52 Gansevoort Street, New York, NY 10014
電話：212-929-4844
最寄駅：14 St Ⓐ Ⓒ Ⓔ / 8 Av Ⓛ
営業日：月 - 水 7:30 - 11:00 / 11:30 - 23:00、
　　　　木・金 7:30 - 11:00 / 11:30 - 24:00、
　　　　土 9:00 - 24:00、日 9:00 - 23:00
定休日：無休
予算：Eggs Benedict $22、Buttermilk Pancakes $17、
Steak Sandwich $29、Steak Tartare $17〜、
Crab and Avocado $24
pastisnyc.com

Photos by Louise Palmberg

ニューヨークで数々のレストランを成功させている、キース・
マクナリー氏がプロデュース。

ランチ＆ブランチも
ぬかりなく楽しむ

メキシコみたいな空間で
タコスを食べ比べる

Tacombi
タコンビ

MAP » P.151 D-1 / ソーホー＆ロウワー・イースト・サイド
＆ロウワー・マンハッタン＆ダンボ

267 Elizabeth Street, New York, NY 10012
電話：917-727-0179
最寄駅：B'way - Lafayette St **B D F M** / Bleecker St **6**
営業日：月−水、日 11:00 - 23:00、木−土 11:00 - 24:00
定休日：無休
予算：Corn Esquites $3.95、Guacamole Con Totopos $11.95、
　　　タコス $3.95〜
他店舗：23 W 33rd Street、30 W 24th Street、
　　　　255 Bleecker Street、25 Lafayette Avenue ほか
tacombi.com

タコスやブリトーを専門とするメキシコ料理店 taquería（タケリア）を、ニューヨークの街に再現。タコスは全11種。Al Pastor（アル・パストール。豚肉とパイナップルのタコス）、Baja Crispy Fish（バハ・クリスピー・フィッシュ。白身魚のフライとキャベツのピクルスのタコス）、Acapulco Shrimp（アカプルコ・シュリンプ。ピリ辛味のエビのタコス）など、手のひらサイズのタコスを豪快に口に運んだら、冷えたビールでぐびっと流しこむ。最高！　夜に訪れても楽しいけれど、タコスの手軽さはランチにもぴったりです。

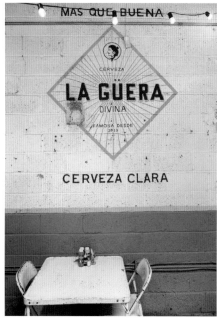

メキシコにいるような心地になるインテリア。テーブルに用意されたメニューに注文を記入し、渡すしくみ。

ワカモレ＆トルティーヤチップス、Corn Esquites（コーン・エスキーテス。とうもろこしのサラダ）も必食。

週末のブラッスリーで
フランス料理に目移りする

Balthazar
バルタザール

MAP » P.150 C-1 / ソーホー＆ロウワー・イースト・サイド
＆ロウワー・マンハッタン＆ダンボ

80 Spring Street, New York, NY 10012
電話：212-965-1414
最寄駅：Spring St **G** / Prince St **R W**
営業日：月－木 7:30 - 24:00、金 7:30 - 1:00、土 8:30 - 1:00、
　　　　日 8:30 - 24:00
定休日：無休
予算：Onion Soup Gratinee $17、Sour Cream Hazelnut
　　　Waffles $22、Avocado and Poached Eggs on Toast $24、
　　　Eggs Norwegian $30
balthazarny.com

築100年超えのビルディングの1階で営業する
ブラッスリー。天井高のある空間に、丸テーブ
ルや赤いレザーソファが設えられ、白シャツに
エプロン姿の給仕たちが、隙間を忙しく立ちま
わる。テーブルをわいわいと囲む6人家族から、
一人で新聞に没頭する紳士まで、誰もが"絵に
なる"ここは、レストランという名の劇場。私
が好んで出かけるのは、時間がゆったり流れる
週末のブランチ。アボカドトーストやワッフル、
エッグベネディクトに顔をほころばせながら、
周りをちらちら。劇場での週末のひとときを堪
能するのでした。

Photo by Daniel Krieger

Photo by Michael Grimm

Photo by Michael Grimm

Photo by Daniel Krieger

Photo by Michael Grimm

ステーキやオニオングラタンスープなど、名物がたくさん。90年代から続く、ニューヨークの名所。

ひと皿ひと皿に、地中海料理のエッセンスを感じる

Jack's Wife Freda

ジャックス・ワイフ・フリーダ

シャクシューカという料理を、私が生まれて初めて食べたのがこのレストラン。中近東でよく食べられているもので、本来は赤いトマトソースに卵を割り落としたものだけれど、この店のはトマティーヨ（トマトに似たナス科の野菜）を使っているためヘルシーなグリーン色。添えられたトーストをソースに浸しながら食べるそのひと皿は、ランチの定番です。その他メニューに並ぶのは、ギリシャ風サラダや、中近東発祥のチキンケバブなどの地中海料理。野菜をたっぷり使ったものが多く、旅行中の野菜不足を解消することもできます。

MAP » P.150 C-1 / ソーホー＆ロウワー・イースト・サイド＆ロウワー・マンハッタン＆ダンボ

224 Lafayette Street, New York, NY 10012
電話：212-510-8550
最寄駅：Spring St **⑥** / Prince St **ⓇⓌ**
営業日：月－水 8:30 - 23:00、木－土 8:30 - 24:00、日 8:30 - 22:00
定休日：無休
予算：Green Shakshuka $13、Greek Salad $14、Mashed
　　　Avocado on Seeded Bread $14、Chicken Kebab $18
他店舗：50 Carmine Street、116 8th Avenue
jackswifefreda.com

Photo by Henry Hargreaves

カフェのようなカジュアルな店構え。アルコールも提供しているので、軽く一杯とつまみなんて使い方も。

あの店のあの味を
食べに行く

分厚い骨付きステーキに
食らいつく

Keens Steakhouse

キーンズ・ステーキハウス

....

MAP » P.147 D-4 / ミッドタウン

72 W 36th Street, New York, NY 10018
電話：212-947-3636
最寄駅：34 St - Herald Sq **BDFMNQRW**
営業日：月－金 11:45 - 22:30、土 17:00 - 22:30、日 17:00 - 21:30
定休日：無休
予算：Prime Rib of Beef King's Cut $66
keens.com

1885年創業の老舗ステーキハウス。照明を控えた空間で、テーブルクロスの白がきりりと清潔感を放つ店内。ひときわ目を引くのは、天井に吊りさげられている無数のパイプ。かつて顧客のパイプを保管していた名残なのだそう。自慢のステーキは、サーロインとヒレを同時に味わえるポーターハウスや、名物のマトンチョップ（羊肉ステーキ）など、心揺れるラインナップ。でもここは、プライムリブのキングスカット一発指名でいきたい。厚み約10cm、骨付き熟成肉の迫力たるや。口に含めば、ほろほろ、むちむち、ぷるぷる。次々襲いかかる食感と旨み。舌の上が天国になること間違いなしです。

Photos courtesy of Keens Steakhouse

右上｜ディナーのお通し、野菜のクリュディテ。セロリやにんじんのスティックを、ブルーチーズ入りソースで。

スライスせず、塊肉でサーブしてもらうのがおすすめ。ステーキソースは、肉汁にホースラディッシュを利かせたもの。

Photos by ATM Group

左はメレンゲ＆とうもろこしのムース。右上の丸い風船みたいな揚げトルティーヤは、メキシコのストリートフード。

新世紀のメキシコ料理を
賞味する

Cosme
コスメ

100 THINGS TO DO IN NEW YORK
31/100

MAP » P.149 D-2 / チェルシー＆ウエスト・ヴィレッジ＆イースト・ヴィレッジ

35 E 21st Street, New York, NY 10010
電話：212-913-9659
最寄駅：23 St ® ® ©
営業日：月－金 12:00-14:30 / 17:30-23:00
　　　　土・日 11:30-14:30 / 17:30-23:30
定休日：無休
予算：前菜 $20前後、メイン $30～、デザート $20前後
cosmenyc.com

ねっとり甘い生エビのたたきが、チポレ（燻製された完熟唐辛子）のペーストで和えられ、クリーミーなアボカドと共に、香ばしいトルティーヤにのせられている。それがこの店のトスターダ（メキシコ庶民の味、オープンサンド）だというから驚いた。ワカモレだってハーブもりもりの香気で上品な味わい。メキシコ料理がこんなにもゴージャスに変貌するのは、世界的に知られるメキシコ人シェフ、エンリケ・オルベラ氏が監修するコスメだからこそ。デザートのメレンゲ＆とうもろこしのムースは、そんなコスメを物語る代表作。絶対に食べなければいけない、と断言できるひと皿です。

スモークサーモンにベーグル、ユダヤ料理の真髄を知る

Russ & Daughters Cafe

ラス ＆ ドーターズ・カフェ

スモークサーモン＆ベーグルを求め、世界中か
ら旅行者が訪れる老舗ユダヤ食材店のラス＆ド
ーターズ。2014年に100周年を記念しオープン
したのが、このカフェ。じゃがいものミニパン
ケーキ Potato Latkes（ポテト・ラトケス）や、パ
ンの粉で作った団子が浮かぶ Matzo Ball Soup
（マッツォ・ボール・スープ）など、未知なるユダ
ヤ料理への扉を開いてくれる存在です。熱烈推
薦したいのは Eggs Benny（エッグス・ベニー）。
ユダヤのパンに、ほうれん草のソテー、ポーチ
ドエッグ、スモークサーモンを積み上げたユダ
ヤ版エッグベネディクト。ドリンクには、自家
製シロップで作られるソーダも忘れずに。

MAP » P.151 E-1 / ソーホー＆ロウワー・イースト・サイド
＆ロウワー・マンハッタン＆ダンボ

127 Orchard Street, New York, NY 10002
電話：212-475-4880
最寄駅：Delancey St - Essex St **F J M Z**
営業日：月−金 9:00-22:00、土日 8:00-22:00
定休日：無休
予算：スモークサーモンとベーグルの盛り合わせ The Classic $18、
　　　Eggs Benny $19
russanddaughterscafe.com

スモークサーモンとクリームチーズ、トマトやケイパーがベー
グルと共に盛られたボードは看板メニュー。

隠れた美味スポットを発見する

ハイエンドなホテルでバーガーショップに出くわす

Burger Joint
バーガー・ジョイント

MAP » P.146 C-1 / ミッドタウン

119 W 56th Street, New York, NY 10019
電話：212-708-7414
最寄駅：57 St - 7 Av ⓃⓆⓇⓌ / 57 St Ⓕ
営業日：月–木、日 11:00 - 23:30、金・土 11:00 - 24:00
定休日：無休
予算：Cheese Burger $9.42、French Fries $4.13、
　　　Draft Beer $8.04
他店舗：220 36th Street
burgerjointny.com

ホテルのロビーに謎の行列。物々しいカーテンで仕切られたその先にあるのは……まさかのバーガーショップ。エレガントなホテルとは対極の、チープでジャンクな店内。メニューはバーガー4種にフレンチフライやドリンクという簡素さ。味のほうはというと、アメリカンビーフのパテで作られたバーガーは、ちゃんとおいしい。このギャップに、みんな完落ちという店。パテの焼き具合や挟む具材は、好みを伝えるシステム。日本語を含む各国語のメニューが薄暗い廊下に用意されているので、それに記入すれば簡単です。

私のオーダーは、チーズバーガーのケチャップ＆マヨネーズ＆マスタード抜き。ソース系は自分で適宜追加。

駅にある秘密のバーで
酔いしれる

The Campbell
ザ・キャンベル

ザ・キャンベルは、まるで異界のバー。なぜか
というと、いつも迷ってなかなかたどりつけず、
うろうろしていると、突然目の前に店が出現す
るという具合だから。グランド・セントラル駅
内にあって（Vanderbilt Avenue からアクセスす
るとわかりやすい）、元々は資産家ジョン・キャ
ンベルのオフィスだったという場所。バーカウ
ンターの後ろの壮麗な格子ガラス窓や石造りの
暖炉など、建築物としての見どころも満載です。
オリジナルのカクテルから、つまめるバーフー
ドまで取りそろえ、ニューヨーカーに愛されて
いるバーのひとつです。

MAP » P.147 D-3 / ミッドタウン　

15 Vanderbilt Avenue, New York, NY 10017
電話：212-297-1781
最寄駅：Grand Central - 42 St ❹❺❻❼
営業日：12:00 - 2:00
定休日：無休
予算：カクテル $18〜、フード $20前後
thecampbellnyc.com

マティーニがよく似合う正統派のバー。店へはエレベーターで
もアクセスできます。

スペシャルな
食体験を予約する

昼も夜もコース料理のみ。ディナーは予約困難、ランチの方が予約しやすい。

驚きに満ちたコース料理から
世界一の実力を思い知る

Eleven Madison Park

イレブン・マディソン・パーク

35/100

100 THINGS TO DO IN NEW YORK

MAP » P.149 D-1 / チェルシー＆ウエスト・ヴィレッジ
＆イースト・ヴィレッジ 🍴

11 Madison Avenue, New York, NY 10010
電話：212-889-0905
最寄駅：23 St ⓇⓌⒻⓂ
営業日：月－木17:30-22:30、
　　　　金－日12:00-13:00 / 17:30-22:30
定休日：無休
予算：テイスティングメニュー（コース料理）$335
elevenmadisonpark.com

10皿近くあるコース料理は、いつも予想外の襲来。あるときは、テーブルに肉挽き機が設置され、給仕がにんじんをガリガリ挽いて、1人ずつにサーブするプレゼンテーション付き。あるときは、チョコレートが4種登場し、原材料当てクイズがスタート。もちろん料理だって、単なるトマトの輪切りに見えて、実はトマトピュレで再構築したものだったりと、その手の込みようにいちいち感服。「面白がらせる」ことに長けた、アメリカならではの星付きレストラン。世界のベストレストラン1位（2017年度）に選出されたのも納得です。

ミッドセンチュリーな
匂いと気分に浸る

The Grill

ザ・グリル

100 THINGS TO DO IN NEW YORK
36 / 100

店内に漂うのは、昭和な香り。それもそのはず、1950年代に建てられたビルディングと、当時のままを意識した内装。オイスター、クラブケーキ（蟹肉のハンバーグ）、ステーキなど、あえて今っぽさを排除した王道のアメリカ料理。テーブルのすぐ脇で調理をしてくれるワゴンサービス……。「ラグジュアリーなタイムマシン」なんて称される、"古き良き"が目いっぱい詰まったレストラン。ちなみに以前は、政治家や著名人御用達のフォー・シーズンズ・レストランとして営業。ただならぬ歴史の気配を感じずにはいられない空間です。

MAP » P.147 D-2 / ミッドタウン 🍴

99 E 52nd Street, New York, NY 10022
電話：212-375-9001
最寄駅：Lexington Av - 53 St **EM** / 51 St **G**
営業日：月～金 11:45 - 14:00 / 17:00 - 23:00、± 17:00 - 23:00
定休日：日
予算：The Seagram Crab Cake $39、Pasta A La Presse $33、
　　　Avocado Crab Louis Salad $35、Honey Mustard Duckling $46
thegrillnewyork.com

Photos courtesy of Major Food Group

ザ・グリルを有するシーグラムビルは、建築家ミース・ファン・デル・ローエとフィリップ・ジョンソンによる共作です。

コーヒー＆ティーを
優雅にたしなむ

Photos courtesy of Café Sabarsky

甘味のほか、ソーセージ＆プレッツェルなど、食事系のメニューもあります。

ニューヨークで
ウィーンを感じる

100 THINGS TO DO IN NEW YORK

37 / 100

Café Sabarsky
カフェ・サバスキー

MAP » P.145 D-1 / アッパー・サイド 🍴

1048 5th Avenue, New York, NY 10028
電話：212-288-0665
最寄駅：86 St ④⑤⑥
営業日：月・水 9:00-18:00、木-日 9:00-21:00
定休日：火
予算：Einspänner（Double Espresso with whipped Cream）$8、
Sachertorte $10.5、Klimttorte $10.5
neuegalerie.org/cafes/sabarsky

ウィーンを代表する画家、グスタフ・クリムトをはじめ、オーストリアやドイツの美術作品を収蔵する美術館 Neue Galerie（ノイエ・ギャラリー）。その1階にあるカフェ・サバスキーは、ヨーロッパに瞬間移動したような別世界。ダークチョコレートケーキのザッハトルテや、キルシュトルテ（チョコレート＆チェリーのケーキ）など、しっかり甘い真正スイーツが並ぶカウンターは、甘党にとって眼福。日本のウィンナー・コーヒーに近い Einspänner（アインシュペナー）と一緒に味わえば、すっかり気分はウィーンです。

アフタヌーンティーで
贅沢なひと時を過ごす

Baccarat Hotel Grand Salon

バカラ・ホテル・グランド・サロン

サンドイッチやスイーツに目移りしながらお茶
を味わうアフタヌーンティーは、夢の時間。そ
れがバカラ・ホテルでは、きらめくフランスの
クリスタルウェア、バカラで提供されるのだか
ら、もっと夢。イギリス、トルコなど世界の王
や宮殿がテーマのアフタヌーンティーメニュー
は4種類。英国式は、スイーツが盛られた3段
のケーキスタンド（もちろんバカラ製）に感動。
バラ色のお菓子が供されるフランス式は、ヴェ
ルサイユ宮殿をイメージした乙女なテーブル。
個人的には、キャビア＆シャンパンのロシア式
（2人で＄400〜！）にいつか挑戦してみたい。

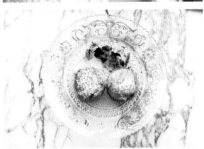

MAP » P.147 D-2 / ミッドタウン

28 W 53rd Street Floor 2, New York, NY 10019
電話：212-790-8867
最寄駅：5 Av - 53 St **ⒺⓂ**
営業日：6:30 - 23:30（アフタヌーンティーは13:00 - 16:00）
定休日：無休
予算：Afternoon Tea King Louis XV ＄65、
　　　Prince of Wales ＄90
baccarathotels.com/dining/afternoon-tea

Photo: courtesy of Baccarat Hotel New York

英国式（プリンス・オブ・ウェールズ）は、自家製スコーン付き。
アフタヌーンティーは、24時間前までに要予約。

シックなインテリアで
至福の時間を迎える

La Mercerie

ラ・メルスリー

MAP » P.150 C-2 / ソーホー＆ロウワー・イースト・サイド ＆ロウワー・マンハッタン＆ダンボ

53 Howard Street, New York, NY 10013
電話：212-852-9097
最寄駅：Canal Street **ＪＮＱＲＷＺ６**
営業日：9:00-22:00
定休日：無休
予算：コーヒー $5.5〜、ホットティー $7〜、デザート $15、
　　　朝食・ランチ・ディナーは1品 約$10〜$40
lamerceriecafe.com

扉を開けると、そこはシックなインテリアが広がる世界。オーナーは、ホテルやレストランの内装を手がけてきたデザイナーデュオ、ローマン＆ウィリアムス。パリのカフェから着想を得たという、ラ・メルスリーは、フレンチのエッセンスを利かせた料理＆スイーツで、朝から夜まで使い勝手の良いカフェレストラン。クレープやミルフィーユをおやつに、気分のいいティータイムが過ごせます。店の奥は、アーティストの陶器などを扱うハイエンドなショップ。もちろんカフェで使用されている食器やカトラリーも、デザイナーによるセレクト。その審美眼はさすがです。

フランスの地方で生まれた黒いチーズケーキ Tourteau Fromage（トゥルトー・フロマージュ）もあります。

Photos courtesy of Roman and Williams

背中合わせのベンチシートが妙に落ち着くカフェ。日本の作家ものの器も採用されています。

甘いおやつで
甘美な時を過ごす

ニューヨークチーズケーキで
しあわせな心地になる

___

Eileen's Special Cheesecake
アイリーンズ・スペシャル・チーズケーキ

時々無性に食べたくなって、買いに走るのがこ
の店のチーズケーキ。クリームチーズとサワー
クリームを合わせた生地を、グラハムクラッカ
ーの土台に流し入れ、湯煎で焼いたチーズケー
キは、濃厚とさっぱりが仲良く共存する味。店
内のショーケースに並ぶのは、手づくりの不ぞ
ろい感が愛おしい、直径10cmほどのミニサイズ。
プレーンの他、ストロベリー、チェリー、パイ
ナップルなどのフルーツがトッピングされたも
のから、塩キャラメル、チョコレートといった
フレーバーまで、十数種類がスタンバイしてい
ます。

MAP » P.150 C-1 / ソーホー＆ロウワー・イースト・サイド
＆ロウワー・マンハッタン＆ダンボ

17 Cleveland Place, New York, NY 10012
電話：212-966-5585
最寄駅：Spring St ⑥ / Bowery ❶❷
営業日：月−金 9:00 − 21:00、土・日 11:00 − 20:00
定休日：無休
予算：チーズケーキ1個 $4.95、ホール（直径約15cm）$19〜
eileenscheesecake.com

1976年に創業した老舗。祖母と母から受け継いだレシピを守り
続ける、ボニーさんとホリーさん姉妹。

右｜ユダヤのブラック＆ホワイトクッキーを模した、ニューヨークらしいドーナッツも。

ドーナッツをあれこれ
味わい比べる

Doughnut Plant

ドーナッツ・プラント

万人の心を甘く満たすドーナッツ。17世紀にオ
ランダからの移民がニューヨークにもたらした
と言われ、以来、庶民のスイーツとして愛され
ています。街中に数あるドーナッツ店の中でも、
独創的なフレーバーでリードするのがドーナッ
ツ・プラント。ふわふわのイーストドーナッツ
と、さくさくのケーキドーナッツ、あわせて20
種以上ある中で、ベストワンはバナナクリーム
入りの四角いイーストドーナッツ。バニラカス
タードが詰まったクレーム・ブリュレドーナッ
ツも甲乙つけがたい味。ブルーベリーやぶどう
など、季節のフルーツグレーズがかかったドー
ナッツも到底無視できません。

MAP » P.153 C-2 / ボコカ＆ゴワナス＆パークスロープ

245 Flatbush Avenue, Brooklyn, NY 11217
電話：212-505-3700
最寄駅：Bergen St ❷❸
営業日：月－木、日 6:30 - 22:00、金・土 6:30 - 23:00
定休日：無休
予算：ドーナッツ $4前後、コーヒー $2.75～
他店舗：379 Grand Street、220 W 23rd Street ほか
doughnutplant.com

41/100
100 THINGS TO DO IN NEW YORK

甘いだけじゃない
スイーツの奥深さを知る

Ovenly
オーブンリー

MAP » P.152 A-1 / ウィリアムズバーグ & グリーンポイント

31 Greenpoint Avenue, Brooklyn, NY 11222
電話：888-899-2213
最寄駅：Greenpoint Av Ⓖ
営業日：月 - 金 7:30 - 19:00、土 · 日 8:00 - 19:00
定休日：無休
予算：Salted Peanut Butter Cookie $ 3.50、Salted Caramel
　　　Brownie $4、Scone $4.25
他店舗：43 N 5th Street、Urbanspace Vanderbilt 内、
　　　210 Flatbush Avenue
oven.ly

エリンさんとアガサさん、2 人の女性がブルックリンに開いたベーカリー。甘さと拮抗する塩気や、ハーブ & スパイスを利かせたスイーツでオンリーワンの存在に。カルダモンの香りがふわっと広がるパウンドケーキ、"塩味は旨み"なピーナッツバタークッキー、ねっとり歯にまとわりつくほど濃厚な病みつきブラウニーなど、立ち寄ったら買わずにはいられないベイクグッズばかり。ビジュアルも斬新で、チョコレート、ココアパウダー、黒ビールを使った黒一色の「停電ケーキ」は、ショーケースでひときわ異彩を放っています。

ゆったり座ってコーヒーと焼き菓子を楽しめる、カフェスペースを併設。おみやげに自家製グラノーラを忘れずに。

新感覚スイーツを
味わう

話題のクロフィン
その正体を突き止める

Supermoon Bakehouse

スーパームーン・ベイクハウス

大理石のカウンターに、クロワッサンが1点ず
つ等間隔で並べられたディスプレイ。食欲に訴
えかけない、驚愕のモノ化したスイーツ。でも、
その味わいは予想以上。抹茶を練り込んだスト
ライプ柄は、抹茶クリームとブルーベリージャ
ムの隠し味。名物のCruffin（クロフィン）は、
クロワッサンとマフィンのハイブリッドスイー
ツ。チュロスみたいなじゅわっと甘い生地の中
に、ココナッツクリームとパイナップル＆レモ
ングラスのジャムがぎっしり。甘みと酸味の黄
金比。侮れないスイーツばかりです。

MAP » P.151 E-1 / ソーホー＆ロウワー・イースト・サイド
＆ロウワー・マンハッタン＆ダンボ

120 Rivington Street, New York, NY 10002
最寄駅：Delancey St - Essex St **F J M Z**
営業日：月−木 8:00 - 22:00、金 8:00 - 23:00、土・日 9:00 - 23:00
定休日：無休
予算：クロワッサン $3.75〜、クロフィン $6.5、
　　　Soft Serve（ソフトクリーム）$6.5
supermoonbakehouse.com

クロワッサンもクロフィンも季節ごとにフレーバーが変化。
下｜テイクアウトの箱はホログラム。パッケージも新感覚。

シリアルの
香ばしい食感に夢中になる

Milk & Cream Cereal Bar
ミルク & クリーム・シリアル・バー

シリアル & 牛乳といえば朝食のスタンダード。その牛乳をアイスクリームに変え、3時のおやつにトランスフォームさせたのがこの店。ココア味の丸いのから、リング状のフルーツ味まで、20種近くあるシリアルから好みのものを選んだら、バニラアイスクリーム（またはクッキーアイスクリーム）と一緒にガーッとブレンド。カップやコーンに盛りつけ、フルーツやクッキー、キャンディーをトッピングしてもらって、できあがり。シリアル特有の香ばしさ & 食感が隠し味のアイスクリーム。今日はどのシリアルを選ぼうか。そのわくわく感がたまりません。

MAP » P.151 D-1 / ソーホー & ロウワー・イースト・サイド & ロウワー・マンハッタン & ダンボ

159 Mott Street, New York, NY 10013
最寄駅：Bowery ❷❷ / Grand St ❻❻
営業日：月-木、日 12:00 - 22:00、金・土 11:00 - 23:00
定休日：無休
予算：アイスクリーム $7、ミルクシェイク $8
milkandcreambar.com

カップまたはコーンから選べるアイスクリーム。
牛乳をミックスするミルクシェイクもあります。

ルーフトップバーから
絶景を望む

Photos by Noah Fecks and Thais Aquino

寒い冬には、屋内のバーカウンターやテーブル席からビューが楽しめます。

22階の高さから
大都会を見下ろす

Westlight
ウエストライト

100 THINGS TO DO IN NEW YORK
45 / 100

MAP » P.152 B-2 / ウィリアムズバーグ & グリーンポイント

111 N 12th Street (Hotel The William Vale 22nd Floor),
Brooklyn, NY 11249
電話：718-307-7100
最寄駅：Bedford Av Ⓛ
営業日：月−木16:00-24:00、金16:00-2:00
　　　　土14:00-2:00、日14:00-24:00
定休日：無休
予算：オリジナルカクテル $18、ビール $9、グラスワイン $14〜
westlightnyc.com

ブルックリンのウィリアムズバーグで突出している背の高い建物が、ホテル The William Vale（ザ・ウィリアム・ヴェール）。その22階にあるのが、テラス席を有するルーフトップバーのウエストライトです。夏の午後、日が落ちる前の時間帯に出かけたら、まぶしい陽射しが全身を直撃。つまり視界を遮るものがゼロ。対岸のマンハッタンはもちろんのこと、ブルックリンやクイーンズの隅々まで見渡せてしまう展望台バー。テラスにめぐらされているのはガラスの柵だけなので、高所が苦手な人は足がすくんでしまうほどの絶景が待っています。

ブルックリンならではの
パノラマに息をのむ

Harriet's Rooftop & Lounge

ハリエッツ・ルーフトップ ＆ ラウンジ

MAP » P.151 E-4 / ソーホー＆ロウワー・イースト・サイド ＆ ロウワー・マンハッタン＆ダンボ

60 Furman Street, Brooklyn, NY 11201
電話：347-696-2505
最寄駅：High St **Ⓐ Ⓒ** / York St **Ⓕ**
営業日：ルーフトップ 木－日 12:00 - 22:00（夏期は異なる）
　　　　バーラウンジ 月－水 17:00 - 24:00、木・金 17:00 - 2:00、
　　　　土 11:00 - 2:00、日 11:00 - 24:00
定休日：無休
予算：ビール $9〜、カクテル $16〜、グラスワイン $14〜、
1hotels.com/brooklyn-bridge/taste/harriets-rooftop-lounge

目の前に広がるイーストリバーに架かるのは、1世紀以上前に建設された吊り橋のマンハッタンブリッジとブルックリンブリッジ。対岸にはマンハッタンの摩天楼。ちらりと視界の端に捉えられる自由の女神像。ブルックリンのダンボならではの、そんなダイナミックな眺望がドリンク片手に余すところなく楽しめてしまうのが、このバーラウンジ＆ルーフトップ。外から客観的に眺めるからこそわかる、マンハッタンの美しさ、力強さ、あるいは儚さを、体験してください。

Photos courtesy of Harriet's Rooftop & Lounge

1 Hotel Brooklyn Bridge（ワンホテル・ブルックリンブリッジ）の10階にあるバー。ハイシーズンはルーフトップの入場料（$20）が必要。

ベジタリアンの
奥深さに気づく

カルト的人気の
ベジバーガーを食す

Superiority Burger

スペリオリティー・バーガー

肉ナシでどこまでおいしさに迫れるか。そんな店主の挑戦状を舌でがっつり受け止める店が、スペリオリティー・バーガー。畜産が環境に与えるインパクトなどから、肉食を控えるベジタリアンが増えているニューヨークで、着実にファンを獲得。看板商品のバーガーは、ひよこ豆、にんじん、キヌアなどで作るボリューミーな秘伝のパテが人気の理由（レシピ本が発売になり、秘伝ではなくなったけれど）。炭焼きブロッコリーのサラダといった、ひねりを利かせた副菜、日替わりのジェラート＆ソルベも忘れずに味わいたい。

MAP » P.149 F-3 / チェルシー＆ウエスト・ヴィレッジ
＆イースト・ヴィレッジ

430 E 9th Street, New York, NY 10009
電話：212-256-1192
最寄駅：1 Av Ⓛ
営業日：月－土 11:30－22:00、日 11:30－21:00
定休日：無休
予算：Superiority Burger $6、Gelato&Sorbet $7、
　　　Burnt Broccoli Salad $4
superiorityburger.com

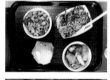

たった6席の狭小店。湯葉サンドイッチ New Creation（ニュー・クリエイション）などもある。

菜食のイメージを一新する、明るい店内とカラフルなテーブルセッティング。

肉ゼロの
メキシカンで
満腹になる

100 THINGS TO DO IN NEW YORK
48/100

Jajaja Plantas Mexicana

ジャジャジャ・プランタス・メキシカーナ

MAP » P.151 E-2 / ソーホー＆ロウワー・イースト・サイド＆ロウワー・マンハッタン＆ダンボ

162 E Broadway, New York, NY 10002
電話：646-883-5453
最寄駅：East Broadway **F**
営業日：月‐水、日 11:00 - 24:00、木‐土 11:00 - 1:00
定休日：無休
予算：Nachos $13〜、Hijiki-Hearts of Palm Ceviche $12、
　　　Tacos $8、Mexican Street Corn $7
他店舗：63 Carmine Street、North 3rd Street Market内
jajajamexicana.com

焼きとうもろこしのチーズがけ、山盛りナチョス、カラフルなソースをまとったブリトー、チョリソーのタコス。どの料理も正真正銘のメキシコ料理。でも実は、肉ゼロのプラントベース（植物由来）。それがジャジャジャ・プランタス・メキシカーナのコンセプト。例えばチーズは、乳製品を使わない自家製。チョリソーは小麦粉由来のグルテンミートで代用。魚介類のマリネは、パルミット（ヤシの芯）やひじきで風味と食感を再現した新機軸。不思議なことに、どの料理も「メキシコを堪能した！」と思わせる食後感と満腹感。創意を凝らしたメニューの数々に拍手です。

懐かしいニューヨークに
会いに行く

100 THINGS TO DO IN NEW YORK

49/100

昔ながらの軽食堂で
アメリカらしい味に喜ぶ

Lexington Candy Shop

レキシントン・キャンディー・ショップ

MAP » P.145 E-2 / アッパー・サイド

1226 Lexington Avenue, New York, NY 10028
電話：212-288-0057
最寄駅：86 St ④⑤⑥
営業日：月〜金 7:00 - 19:00、土 8:00 - 19:00、日 8:00 - 18:00
定休日：無休
予算：パンケーキ $10.5〜、アイスクリームサンデー $10.5、
　　　ハンバーガー $8.5〜
lexingtoncandyshop.com

ネクタイを締め、厨房白衣を着て、カウンター内で立ち働く店員たち。「昔はみんなこの服装だったんだよ。これがプロフェッショナルの証だから」。そう話すのは、1925年創業のこの店を切り盛りする現オーナーのジョンさん。鉄板の上ではベーコンがジュウジュウと焼かれ、手前ではパンケーキが巧みな手さばきでひっくり返される。横のフライパンでオムレツが調理されている間に、トースターからはきつね色のパンが飛び出す。アメリカ人が親しんできた味が、マジックみたいに次々生まれる場所。こういう店がマンハッタンにまだ残っていることを、心からありがたく思うのでした。

ハンバーガー、サンデー、クリームソーダ。軽食堂で食べ継がれてきたアメリカの味がすべてここに。

クラシックなパンケーキは、もちもちの食感。塩の利いたバターとシロップをかけて。

クラムチャウダー、フィッシュ＆チップスが店の人気メニュー。

ギンガムチェックの
テーブルクロスにときめく

Fanelli's Cafe
ファネリズ・カフェ

50 / 100 100 THINGS TO DO IN NEW YORK

MAP » P.150 C-1 / ソーホー＆ロウワー・イースト・サイド ＆ ロウワー・マンハッタン＆ダンボ

94 Prince Street, New York, NY 10012
電話：212-226-9412
最寄駅：Prince St **R W** / B'way - Lafayette St **B D F M** /
Bleecker St **6**
営業日：10:00 - 2:00
定休日：無休
予算：Spaghetti & Meatballs in Marinara $17.5、Fish & Chips $18、
New England Clam Chowder $7 〜、Beer $6 〜

1847年に開業、食材店だったりパブだったりしながら、その後レストラン＆バーとして定着。オーナーが変わりながらも、同じ立地で健在なのがファネリズ・カフェ。1970年代初めまで、一帯で唯一のバーだったというこの店。当時はブルーカラーの労働者がひしめき合っていたなんて、現在のソーホーからは想像もつかないけれど、そんな歴史の変遷を匂わせる、いい意味で古びた店内。愛しさを感じずにはいられない、赤いギンガムチェックのテーブルクロスの上で、お気に入りのミートボール入りトマトソースパスタを食べるのが私的ファネリズ・カフェの過ごし方です。

半世紀以上愛されてきた
ドーナッツにかじりつく

Peter Pan Donut & Pastry Shop
ピーター・パン・ドーナッツ ＆ ペイストリー・ショップ

「毎日数百、週末は1000単位のドーナッツを作ってる。仕込みは夜中の12時からね」。そう話すのはオーナーのダナさん。ブルックリンのグリーンポイントで1950年代から営業しているこの店は、朝から地元の人たちでぎゅう詰め。ドーナッツをひっきりなしに成型して揚げる厨房も、グリーンのシャツ＆ピンクのキャップに身を包んだ店員が働くカウンターも、フル稼働。ハニーディップ、フレンチクルーラー、ココナッツをまぶしたチョコレートドーナッツなど、オールドファッションなドーナッツが飛ぶように売れて行く。糖分とカロリーと共に老舗の活力も得られる、そんな店です。

MAP » P.152 B-1 / ウィリアムズバーグ＆グリーンポイント

727 Manhattan Avenue, Brooklyn, NY 11222
電話：718-389-3676
最寄駅：Nassau Av Ⓖ
営業日：月－金 4:30 - 20:00、土 5:00 - 20:00、日 5:30 - 19:00
定休日：無休
予算：ドーナッツ $1.25、コーヒー $1
peterpandonuts.com

マドンナやマイケル・ジャクソン、往年のヒット曲が流れる店内で、みんなドーナッツに夢中。

地元民で賑わう
ブルックリンの店へ向かう

イタリア料理の食卓を
にぎやかに囲む

Rucola
ルコラ

MAP » P.153 B-2 / ボコカ&ゴワナス&パークスロープ

190 Dean Street, Brooklyn, NY 11217
電話：718-576-3209
最寄駅：Hoyt - Schermerhorn **ⒶⒸⒼ** / Bergen St **ⒻⒼ**
営業日：月-金 8:00 - 24:00、土・日 9:00 - 24:00
定休日：無休
予算：Eggplant Caponata $7、Arugula Salad $11、Crudo $13、
　　　House-made Pasta $18〜
rucolabrooklyn.com

店内にぎっしり並べられたテーブルは、夜7時をまわるとほぼ満席。席を立ってトイレに行くのもひと苦労というぐらいの密着状態。隣の人の注文内容は丸聞こえだし、「何食べてるの？」なんて横から話しかけられることもしばしば。地元民との、その親密感がむしろ喜ばしいレストラン。料理はルッコラのサラダ、スズキのカルパッチョ、自家製ショートパスタのカルボナーラ風など、どれも実直で沁みる味。ブルックリンのパイ専門店Four & Twenty Blackbirds（フォー&トゥエンティ・ブラックバーズ）の絶品パイがデザートに用意されているのも、うれしい。

子ども連れや家族客が続々訪れる、ローカルに愛されているイタリアン。

オリーブオイルに浸かった白身魚のカルパッチョ（写真左。メニュー名は Crudo）は、必ずオーダーを。

フードは基本ナシ。つまみ用にナッツやポップコーン、ビーフジャーキーを販売。

クラフトビールの聖地で
グラスを傾ける

53 / 100

Other Half Brewing
アザー・ハーフ・ブルーイング

MAP » P.153 A-3 / ボコカ＆ゴワナス＆パークスロープ

195 Centre Street, Brooklyn, NY 11231
電話：917-765-6107
最寄駅：Smith - 9 Sts **F** **G**
営業日：月 - 水12:00 - 22:00、木・金12:00 - 24:00、
　　　　土 10:00 - 24:00、日11:00 - 22:00
定休日：無休
予算：Beer 4oz $4〜
otherhalfbrewing.com

プラムとチェリーの白ビールは、産地直送ネクタリンジュースみたいな果実感。濁りのあるインペリアルIPA（アイピーエー。インディア・ペール・エールの略）は、ビターなレモンが口の中で思いっきり爽快感。黒ビールよりも度数高め、味濃いめのインペリアル・スタウトは、ココナッツ風味のアイスコーヒーかと勘違い（飲みすぎ危険）。グラスを傾けるたびに、クラフトビールの味わいの幅にいちいち驚く。そんな醸造所併設のビアバー。ドラフト（生ビール）は常時約20種。4oz（約120㎖）のふた口サイズなら、いろんな味を試せます。

Photos courtesy of Julia Gillard

サステナブルな
新アメリカ料理を知る

Diner
ダイナー

野菜はすべてオーガニック。ストレスの少ない環境と健康的なエサを与えられた鶏や豚の肉、牛肉は牧草地で健やかに育ったグラスフェドビーフ。といった具合に、食材への偽りない信念を貫き、サステナブルでシンプルなニューアメリカ料理を提供するレストラン。まだブルックリンのウィリアムズバーグが"川向うの荒廃した街"だった頃にオープン。以来、ブルックリンのフードシーンをけん引してきたパイオニア的存在で、店内はいつ訪れても地元民でぎゅうぎゅう。ヒップなローカルたちを横目でちら見しながら、名物の牧草牛ハンバーガーに、がぶっとかじりつきたい。

MAP » P.152 B-4 / ウィリアムズバーグ＆グリーンポイント

85 Broadway, Brooklyn, NY 11249
電話：718-486-3077
最寄駅：Marcy Av ❸❿❷ / Bedford Av ❶
営業日：月–木 18:00 - 24:00、金 11:00 - 24:00、
　　　　土・日 10:00 - 24:00
定休日：無休
予算：前菜 $20前後、メイン $20～$30ぐらい
dinernyc.com

土日はブランチ客で賑わう。　下｜名物のハンバーガー。

フードホールで
おいしいとこ取りする

ブルックリンで噂の味を
手軽に試してみる

Urbanspace Vanderbilt
アーバンスペース・ヴァンダービルト

MAP » P.147 D-2 / ミッドタウン 🍴

E 45th Street & Vanderbilt Avenue, New York, NY 10169
電話：646-747-0810
最寄駅：Grand Central - 42 St **S4567**
営業日：月 - 金 6:30 - 21:00、土・日 9:00 - 17:00
　　　　（営業時間は店によって異なります）
定休日：無休
予算：Roberta's ピザ $9 〜、Red Hook Lobster Pound
　　　ロブスターロール $20
他店舗：570 Lexington Avenue ほか
urbanspacenyc.com/urbanspace-vanderbilt

多国籍のフード屋台が、ひとつ屋根の下に集まるフードホール。あっちもこっちも迷って、好みの料理を選ぶ楽しさといったら！　アーバンスペース・ヴァンダービルトのいいところは、ブルックリンの奥地に店を構えるピザの名店 Roberta's（ロベルタス）や、ロブスター専門店 Red Hook Lobster Pound（レッドフック・ロブスター・パウンド。P.133）が出店しているところ。マンハッタンにいながら、噂の美味を体験できます。テーブル席は早いもの勝ち。ランチの時間帯は激混みするため、少し早めか遅めの時間をおすすめします。

ラーメン、インドのカティ・ロール、ルイジアナ州発祥のガンボ。胃袋ひとつでは足りません！

中央上｜むっちりしたロブスターの身をマヨネーズで和え、パンで挟んだロブスターロール。

多国籍な料理と
壮大な眺めを享受する

Time Out Market New York

タイムアウト・マーケット・ニューヨーク

MAP » P.151 F-3 / ソーホー & ロウワー・イースト・サイド & ロウワー・マンハッタン & ダンボ 🍴

55 Water Street, Brooklyn, NY 11201
電話：917-810-4855
最寄駅：High St Ⓐ Ⓒ / York St Ⓕ
営業日：月-木、日 8:00 - 22:00、金・土 8:00 - 23:00
　　　　（営業時間は店によって異なります）
定休日：無休
予算：Juliana's ピザ $11～、Clinton St. Baking Company
　　　パンケーキ $15、FELICE Pasta Bar パスタ $15～
timeout.com/newyork/time-out-market

各地に次々オープンしているフードホール。その中でも絶景というオプションで差をつけているのが、タイムアウト・マーケット・ニューヨーク。川沿いに建ち、橋越しのマンハッタンビューが目の前という、気持ち高ぶるロケーション。1階と5階にあるフード屋台は粒ぞろい。行列ができるピザ店 Juliana's（ジュリアナズ）、パンケーキで知られる Clinton St. Baking Company（クリントン・ストリート・ベーキング・カンパニー）、ユダヤのパン・バブカで一人勝ちの Breads Bakery（ブレッズ・ベーカリー）の他、パスタ、タコス、地中海料理にタイ料理と、おいしい発見が尽きません。

Photos by Ali Garber

Photos by Nitzan Rubin

Photos by Filip Wolak

Photos by Filip Wolak

Photos by Nitzan Rubin

各店で購入（ドリンクはバーで購入）、空いている席へ運び食べるセルフサービス。

CHAPTER 3

"とっておき"を
手に入れる

「雑貨を見たい、買いたい」。
それが日本から遊びに来る友人知人の、最多リクエスト。
文房具、インテリア用品、テーブルウェア、コスメも含まれる？
ということで、ニューヨークならではの雑貨に出合える店を集めました。
私のような食いしん坊のために、
味なおみやげが手に入る食材店やスーパーマーケットも。

Guide to the specialty stores in New York City

活版印刷のカードに
わくわくする

Greenwich Letterpress
グリニッジ・レタープレス

アパートの一室みたいな小さな空間に、ポップ
でウィットの利いたレタープレス（活版印刷）
のグリーティングカードがずらり。さらに懐か
しのピンバッジ、その昔アメリカのホテルで使
われていたキーホルダーのリメイク版など、キ
ッチュな雑貨がこまごまと並び、思わず物欲が
はしゃぐショップ。オーダーメイドのレタープ
レスを請け負うスタジオも併設。100％リサイ
クル紙やコットンペーパー（綿由来の紙）をカ
ードに使用するなど、環境にも配慮した活版印
刷が自慢です。

MAP » P.148 C-3 / チェルシー＆ウエスト・ヴィレッジ ＆イースト・ヴィレッジ

15 Christopher Street, New York, NY 10014
電話：212-989-7464
最寄駅：W 4 St - Wash Sq ⒶⒷⒸⒹⒺⒻⓂ /
　　　　Christopher St - Sheridan Sq ❶
営業日：日・月 12:00 - 18:00、火 - 土 11:00 - 19:00
定休日：無休
greenwichletterpress.com

上｜誕生日やクリスマス用のグリーティングカードをピンク色
の壁にかわいく陳列。

左上｜ニューヨークの名物（写真はコーヒーカップ）をピンバッジにしたオリジナル商品。

昔のままの梁とレンガの壁が、19世紀の面影を残す店内。

レトロな紙ものを
買い求める

———————

Bowne & Co., Stationers

バウン ＆ カンパニー・ステーショナーズ

MAP » P.151 D-4 / ソーホー＆ロウワー・イースト・サイド
＆ロウワー・マンハッタン＆ダンボ

211 Water Street, New York, NY 10038
電話：646-315-4478
最寄駅：Fulton St ＡＣＪＺ②②③④⑤
営業日：11:00 - 19:00
定休日：無休

旧時代の匂いがする活版印刷のカード、ギフト
タグやノートブック。かつて港として栄え、今
は歴史的地区として保存されているサウス・ス
トリート・シーポートエリアの一角にあるステ
ーショナリーショップに並ぶのは、そんな紙も
のたち。ちなみにこのバウン＆カンパニー・ス
テーショナーズは、1775年創業というアメリカ
最古の会社のひとつ。株券から請求書、名刺や
広告まで、ニューヨークの街のあらゆる印刷物
を担ってきた老舗。店のすぐ隣には、ヴィンテ
ージの活版印刷機を有し、各種レタープレスを
請け負うスタジオがあり、活版印刷の様子が見
学できます。

デジタルツールに囲まれている毎日。アナログな紙や鉛筆は癒やしです。

感性で文房具を
選んでみる

***

Goods For The Study

グッズ・フォー・ザ・スタディ

***

MAP » P.149 D-3 / チェルシー＆ウエスト・ヴィレッジ ＆イースト・ヴィレッジ

50 W 8th Street, New York, NY 10011
電話：212-674-4400
最寄駅：W 4 St - Wash Sq Ⓐ Ⓑ Ⓒ Ⓓ Ⓔ Ⓕ Ⓜ
営業日：10:00 - 20:00
定休日：無休
他店舗：234 Mulberry Street
mcnallyjacksonstore.com

人々の"学ぶ"を応援する店が作りたい。そんな思いから、ノリータにある独立系書店 McNally Jackson（マクナリー・ジャクソン）のオーナーが開いたショップ。ノート、ペン、消しゴム、ハサミ、クリップといったベーシックな文具はもちろん、デスクランプやアームチェアといった家具まで、気分良く学ぶためのツールが大集結。フランスやドイツ、日本など、世界各地からセレクトされた文房具が、用途別というよりも視覚的に並べられた、感性をくすぐるディスプレイ。連れて帰りたくなる一品にきっと出合えます。

ユニークなギフトを
手に入れる

書店のオリジナルを
おみやげにする

Strand Book Store

ストランド・ブック・ストア

MAP » P.149 D-3 / チェルシー＆ウエスト・ヴィレッジ
＆イースト・ヴィレッジ

828 Broadway, New York, NY 10003
電話：212-473-1452
最寄駅：14 St-Union Sq **LNQRW456**
営業日：9:30 - 22:30
定休日：無休
strandbooks.com

最新刊から古本まで、膨大な量の書籍を扱う4
フロア構成のストランド・ブック・ストアは、
本好きたちの聖地。と思いきや、1階の雑貨売
り場はオリジナルグッズであふれ返り、おみや
げ探しのメッカにもなっています。店の顔と言
えるのが、トレードマークの赤いロゴをプリン
トしたトートバッグ。他にも花柄、猫柄、恐竜
柄など各種取りそろえられ、トートバッグの山。
さらにポーチ、マグカップ、Tシャツ、鉛筆、
ピンバッジ、キャップなど、書店にしては振り
幅広すぎのセレクション。自分に家族に友人に、
これというギフトが見つかります。

1927年に創業の老舗。文房具も充実しています。

左｜モノトーンの巾着バッグは、黒いリボンをきゅっと閉じて使います。

自分にぴったりの
ポーチにめぐり合う

Bag-all
バッグ・オール

MAP » P.151 D-1 / ソーホー＆ロウワー・イースト・サイド
＆ロウワー・マンハッタン＆ダンボ

219 Mott Street, New York, NY 10012
電話：917-690-5070
最寄駅：Spring St ❻ / Bowery ❿❷ /
　　　　B'way-Lafayette St ❻❹❿❻❺
営業日：10:00 - 20:00
定休日：無休
bag-all.com

繰り返し何度も使える "リユース" をコンセプトに、スウェーデン出身のスタイリスト、ジェニファーさんが生み出したバッグブランド。靴、サングラス、パジャマ、下着、イヤホン、ドライヤー、充電器などの絵柄がプリントされたコットン製の巾着バッグやポーチは、それぞれのアイテムが正しく収まる理想的サイズ。煩わしい旅行のパッキングを劇的に楽しく、散らかりがちな暮らしの収納をすっきりクリーンにしてくれます。店内では、ギフトにも喜ばれるイニシャルや名前の刺繍サービス（別途 $16〜）を提供しています。

風船やガーランドなどの小道具をたっぷり使って、誕生日会やベイビーシャワー（出産前に妊婦を祝う会）を素敵に盛り上げるニューヨーカー。ノット＆ボウは、そんなスタイルのあるパーティー＆ギフトを叶えてくれるブランド。ブルックリンにある旗艦店では、特大サイズのバルーン、金や銀の紙吹雪、モノトーンのラッピング用品など、大人にふさわしいパーティー＆ギフトグッズがそろう他、オーナーがセレクトしたステーショナリーや雑貨も陳列。チャーミングなギフトが見つかります。

パーティーグッズに
心躍らせる

———————

Knot & Bow

ノット & ボウ

MAP » P.153 B-3 / ボコカ＆ゴワナス＆パークスロープ

253 3rd Avenue, Brooklyn, NY 11215
電話：718-499-0414
最寄駅：Union St Ⓡ
営業日：月、水-日 11:00 - 18:00
定休日：火
knotandbow.com

下｜例えばギフトラッピング用のヒモはこんな感じ。ありそうでなかった、大人向けのモノトーン。

右上｜カラフルだけれど、シンプルな意匠のギフトタグやメモパッド。

ホームグッズで
インテリアを彩る

左｜図柄がさまざまなデコパージュ。15cmほどの長方形プレートで $48〜。

デザイナーの世界観に
うっとりする

John Derian
ジョン・デリアン

MAP » P.149 E-4 / チェルシー＆ウエスト・ヴィレッジ &イースト・ヴィレッジ

6 E 2nd Street, New York, NY 10003
電話：212-677-3917
最寄駅：2 Av **F** / B'way - Lafayette St **B D F M** /
　　　　Bleecker St **G**
営業日：火 - 日11:00 - 19:00
定休日：月
他店舗：18 Christopher Street
johnderian.com

長年にわたって古い紙を蒐集、それをデコパージュという技法で、ガラスのペーパーウェイトやプレートに生まれ変わらせたデザイナーのジョン・デリアン。この店はそんな彼の美意識が細部までビリビリ感じられる空間。デコパージュの作品に加え、店内のテーブルや棚を賑わすのは、フランスの陶器ブランド、アスティエ・ド・ヴィラットのコレクション。ヴィンテージの照明器具、アートオブジェ、ステーショナリー、すべてがダイナミックに、かつ美しく展示されていて、心を奪われるショップです。

 キャンドルや石けんなど、手のひらサイズのおみやげ向きギフトもあります。

とんがった感性を
盗みに行く

Coming Soon

カミング・スーン

MAP » P.151 E-2 / ソーホー＆ロウワー・イースト・サイド
＆ロウワー・マンハッタン＆ダンボ 🛍

37 Orchard Street, New York, NY 10002
電話：212-226-4548
最寄駅：East Broadway 🄵 / Grand St 🄱🄳
営業日：月-金 12:00-19:30、土 11:00-19:00、日 11:00-18:30
定休日：無休
comingsoonnewyork.com

ナチュラル、インダストリアル、ヴィンテージ。さまざまなインテリアの潮流があるけれど、そのどれにもピタッとはまらず、我が道を突き進むのがこの店。近未来っぽい壁掛けミラー、バブル時代を彷彿とさせる大理石の置物、ちょっとふざけた意匠のプランター……。「ユニークだけど実用的でもある」を基準に、女性2人のオーナーが選んだホームグッズは、クセ、毒、笑いを感じるラインナップ。新進気鋭のデザイナーによる商品も次々に投入。だから店名はカミング・スーンなのだとか。

店主のセンスに
感銘を受ける

ナチュラルトーンの
空間に引き込まれる

Côte à Coast

コート・ア・コースト

バスケット、ラグ、陶器。ナチュラルカラーを
基調にしたホームグッズが並ぶ、コート・ア・
コースト。「カリフォルニアとサンタフェ。2つ
の街が出合ったような店」と話すのは、オーナ
ーのデヴィッドさん。ハンドメイドや職人の手
技に着目し、アフリカ、南アジアなど、六大陸
のさまざまな場所から選び抜いたクラフトが勢
ぞろい。中でも私が恋に落ちたのは、コロンビ
アの少数民族による手編みのバッグ。ピンクや
オレンジの元気な色が、装いや空間のスパイス
になる1点もの。訪れるたびに、店主の揺るぎ
ない美的センスを感じるショップです。

MAP » P.149 E-4 / チェルシー & ウエスト・ヴィレッジ
& イースト・ヴィレッジ

350 Bowery, New York, NY 10012
最寄駅：B'way-Lafayette St ❻❹❻❺ / Bleecker St ❻
営業日：月〜土 10:00 - 20:00、日 11:00 - 19:00
定休日：無休
coteacoast.com

コージーなインテリアに引き寄せられるように、セレブや有名
俳優なども密かに来店。

店で作品を取り扱っているアーティストは80人近く。オリジナルのメンズウェアもあります。

器の他にクッションなどの布もの、シルエットが美しいアクセサリーも。

アーティストによる
一点ものの器に出合う

The Primary Essentials

ザ・プライマリー・エッセンシャルズ

MAP » P.153 B-1 / ボコカ＆ゴワナス＆パークスロープ

372 Atlantic Avenue, Brooklyn, NY 11217
電話：718-522-1804
最寄駅：Hoyt-Schermerhorn **ⒶⒸⒼ** / Bergen St **ⒻⒼ**
営業日：日・月12:00-18:00、火～土12:00-19:00
定休日：無休
theprimaryessentials.com

地元ブルックリンの陶芸家から、西海岸やオーストラリアのアーティストまで。作家ものの器をそろえるザ・プライマリー・エッセンシャルズは、暮らしの器が日本ほど浸透していないニューヨークでは貴重な存在。「以前はステーショナリーなんかも扱っていたけれど、今はテーブルウェアの比率を高くしています」とは、目利きのオーナー、ローレンさん。彫刻的なフラワーベースから、日常に寄り添う実用的なプレートまでが静謐に並べられた店内は、まるでアートギャラリーのようです。

ミニマルな雑貨やラグを
自宅に連れ帰る

———

Home of the Brave
ホーム・オブ・ザ・ブレイブ

MAP » P.152 A-1 / ウィリアムズバーグ＆グリーンポイント

146 Franklin Street, Brooklyn, NY 11222
電話：347-384-2776
最寄駅：Greenpoint Av **G**
営業日：12:00 - 19:00
定休日：無休
homeofthebravenyc.com

ものづくりに従事する人たちを礼賛する。そんな姿勢でキュレーションしたホームグッズを扱うのがこの店。ラグや陶器、クッションやキッチン雑貨は、木、ガラス、リネン、コットン、ウールなどの自然素材で作られた、心が安らぐミニマルなデザインばかり。メイドイン・アメリカなものを中心に、信条とするのは「正しい対価でアーティストから作品を購入し、彼らの生活をサポートする」というフェアトレードの精神。中でもショップと職人のコラボによるラグは、がんばって日本まで持ち帰りたい "この店ならでは" のアイテムです。

洋服のセレクトショップを営む夫婦が開店。彼らの家へ招かれたような心地になる空間。

キッチン雑貨の
宝庫を目指す

オールドスクールな
食器を持ち帰る

Fishs Eddy
フィッシュ・エディ

店を入って一目散に向かいたいのは、右手の中ほどにあるヴィンテージ食器の売場。かつてダイナーやレストランで愛用されていた、アメリカンな皿やマグカップがスタンバイ。分厚く、簡単には割れないタフさを備え、絵柄が少しずれていたりして、作りがちょっと雑。そんな器たちにときめきます。店内には他にもレトロなガラスの器や、オリジナルのテーブルウェアが山盛り（ニューヨーク柄の食器や、大統領の似顔絵入りグッズは、この店の看板商品）。ヨーロッパでも日本でもない。アメリカらしい器やキッチン雑貨を探すなら、迷わずこの店へ。

MAP » P.149 D-2 / チェルシー＆ウエスト・ヴィレッジ ＆イースト・ヴィレッジ

889 Broadway, New York, NY 10003
電話：212-420-9020
最寄駅：14 St - Union Sq ❶❷❸❹❺❻❹❺❻
営業日：月 - 土 10:00 - 21:00、日 10:00 - 20:00
定休日：無休
fishseddy.com

ガラスの保存ジャー、アルミ製のアイスクリームスクーパーなど、オールドスクールな雑貨に目移り。

ヴィンテージやデッドストックのプレートは、柄や大きさなどによって $10〜$20 ぐらい。

こだわりの
専門店を訪れる

私に似合う
スリッポンシューズを探す

Sabah Studio
サバ・スタジオ

MAP » P.149 E-4 / チェルシー＆ウエスト・ヴィレッジ ＆イースト・ヴィレッジ

49 Bleecker Street #400, New York, NY 10012
電話：212-228-8754
最寄駅：B'way - Lafayette St **BDFM** / Bleecker St **6**
営業日：12:00 - 19:00
定休日：無休
sabah.am

トルコの伝統的な革靴を、色鮮やかなスリッポンに生まれ変わらせたのが、シューズブランドのサバ。履き心地は軽く、「レザーが水分を吸収するので、足が臭くならないんです」とスタッフのディエゴさん。ゴム底のため、もちろん屋外で着用でき、街歩きやビーチの他、ウェディングで履く人もいるのだとか。ひとつひとつ、トルコの職人によるハンドメイド。だからどの靴にも職人のサイン入り。愛着を持って履き続けることができる一足が見つかります。ちなみにサバというブランド名、魚の鯖を思い浮かべるけれど、トルコ語で「朝の時間」という意味だそう。

ビル 4 階にある隠れ家ショップ。1 階で部屋番号 400 のブザーを押し、エレベーターで 4 階へ。

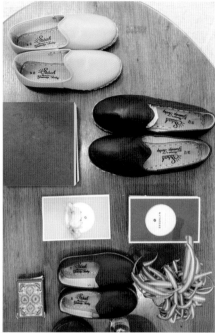

メンズ、レディース、キッズをカバーするサイズ展開。$195〜。室内履き用のスリッパもあり（$170〜）。

ハンドメイドのスタンプに
ぐるり囲まれる

Casey Rubber Stamps

ケーシー・ラバー・スタンプ

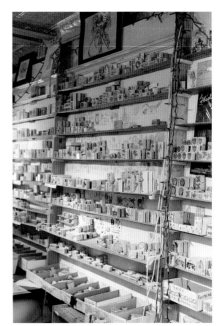

客が5〜6人入れば、もう満員。という狭小物
件を天井まで埋め尽くすのは、ゴム印のスタン
プ。魚、植物、ハンバーガー、猫、ヒゲ、ダイ
ヤモンド、帽子などなど、絵柄は無尽蔵。すべ
てこの店で手づくりされているオリジナルで、
そのノスタルジックな表情にそそられます。プ
ラスチックではなく質の良いゴムを使うことに
こだわり、持ち手の部分はメープル材。紙に当
てると、ふわりと柔らかな弾力を感じる"押し
やすさ"もこの店のスタンプの特徴。自分だけ
のデザインやサイズが欲しい人は、オーダーメ
イドも可能です。

MAP » P.149 E-3 / チェルシー＆ウエスト・ヴィレッジ
＆イースト・ヴィレッジ

322 E 11th Street, New York, NY 10003
電話：917-669-4151
最寄駅：1 Av ⬤
営業日：月－土 13:00 - 20:00、日 14:30 - 19:00
定休日：無休
caseyrubberstamps.com

サイズによって値段が異なるけれど、$6〜$10 が平均的な
プライス。絵柄ではなく文字のみのスタンプもアリ。

古い紙ものの世界へ
旅をする

Pageant Print Shop

パジェント・プリント・ショップ

古地図と古いプリント。それがこの小さな店を
埋め尽くす、すべて。動物、植物、アールデコ、
音楽、食べ物……。ジャンル別に分けられてい
るプリントは、アメリカやドイツで印刷された
古い書物からページを抜き出したもの。1700年
代後半に印刷された犬の銅版画から、手書きの
カラーイラストを印刷した1940年代の食事典
まで、味わいあるプリントを額装し、部屋に飾
ってアートとして愛でるのが、ニューヨーカー
流の楽しみ方。店奥のニューヨークセクション
には、1875年印刷の自由の女神像なんていう、
レアなご当地ものもあります。

MAP » P.149 E-4 / チェルシー＆ウエスト・ヴィレッジ
＆イースト・ヴィレッジ

69 E 4th Street, New York, NY 10003
電話：212-674-5296
最寄駅：B'way - Lafayette St ❽❹❻❼ / Bleecker St ❻ /
2 Av ❺
営業日：月～土 12:00 - 20:00、日 13:00 - 19:00
定休日：無休
pageantprintshop.nyc

元々は本屋として開店。現在は店内すべてが地図＆プリント。
$20 ～ $50 ぐらいの手頃なプリントもたくさん。

塩 & チョコレートの
味わいの幅に驚く

The Meadow
ザ・メドウ

塩とチョコレートといえば、ギフトに重宝する
2大消えモノ。そのふたつが同時に手に入る専
門店がここ。片側の壁には、ジャケ買いしたく
なるデザインのクラフトチョコレートがずらり。
もう片側には、アイスランドやフランスの塩か
ら、トリュフやレモン風味のフレーバーソルト
まで、100種以上が大集合。オーナーは、世界
各地を食べ歩いた後、オレゴン州ポートランド
に1号店を開いたマーク・ビターマンさん。料
理本の著者で、食のプロであるマークさんが、
自らの舌で選りすぐった塩&チョコレートは、
その味わいや旨みの幅に驚かされます。

MAP » P.148 C-3 / チェルシー＆ウエスト・ヴィレッジ &イースト・ヴィレッジ

523 Hudson Street, New York, NY 10014
電話：212-645-4633
最寄駅：Christopher St - Sheridan Sq ❶
営業日：月−木 11:00 - 21:00、金・土 11:00 - 22:00、
　　　　日 11:00 - 20:00
定休日：無休
themeadow.com

店内に積まれた分厚いピンクのヒマラヤソルトの板は、料理を盛り
つけたりして使います。マークさんの料理本も販売。

左上｜ハワイの赤い塩 Haleakala Ruby Sea Salt（ハレアカラ・ルビー・シー・ソルト）は、旨みの強いグルメ塩。Small $15。

NY発のコスメを
愛用する

革新的な香りを
身にまとう

D.S. & Durga

ディーエス ＆ ダーガ

ディーエス＆ダーガは、ミュージシャンと建築家のカップルが、ブルックリンのスタジオで自ら香りを調合し、生み出したパフュームのブランド。Burning Barbershop（火事の理髪店）、Cowboy Grass（カウボーイ・野草）など、妄想がむくむくと膨らむネーミングの香りは、ウッディだったり、スモーキーだったりと、一筋縄ではいかない印象。ところがひとたび身にまとえば、一人ひとりの個性と複雑に混じり合い、奥行きのある美しい香りの世界をもたらします。ノリータにあるショップでは、そんな彼らの革新的な香りの世界に、うっとり浸ることができます。

MAP » P.151 D-1 / ソーホー＆ロウワー・イースト・サイド ＆ ロウワー・マンハッタン＆ダンボ

255 Mulberry Street, New York, NY 10012
電話：212-226-2981
最寄駅：Spring St **6** / B'way - Lafayette St **B** **D** **F** **M**
営業日：月−水・日 11:00 - 19:00、木−土 11:00 - 20:00
定休日：無休
dsanddurga.com

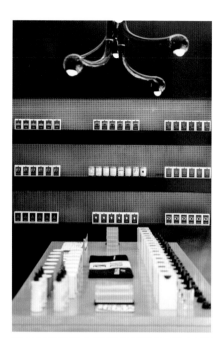

モノトーンのシックなパッケージ。50mlのボトル入りで$175。香水の他、ボディローションやキャンドルも。

COWBOY
GRASS

D.S. & DURGA

eau de parfum 100 ml

人気の香りは、コリアンダー（香菜）、ローズ・アトランティック、イタリアン・シトラスなど。

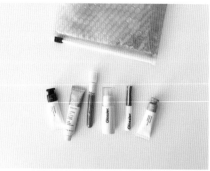

店内は、ピンクのオールインワンに身を包んだスタッフが働くテーマパークみたいな空間。

74/100

噂のコスメショップに潜入する

Glossier
グロッシアー

MAP » P.150 C-2 / ソーホー＆ロウワー・イースト・サイド ＆ロウワー・マンハッタン＆ダンボ

123 Lafayette Street, New York, NY 10013
最寄駅：Canal St **J N Q R W Z 6**
営業日：月 - 土 11:00 - 21:00、日 11:00 - 20:00
定休日：無休
glossier.com

美容ブロガーの20代女子が、投資家の支援を受けコスメブランドをローンチ。瞬く間に売上を上げ、ニューヨークに路面店をオープン。というサクセスストーリーもまぶしい、グロッシアー。メイクアップで欠点を覆い隠すのではなく、みずみずしい光沢ある肌に重きを置いたスキンケア＆コスメ。ベストセラーは、ナチュラルな眉毛を叶える眉マスカラの Boy Brow（ボーイ・ブロウ）や、肌に健康的なツヤを与えるハイライトの Haloscope（ハロスコープ）など。パラベンフリーで低刺激、小ぶりなサイズ感、甘すぎないデザインのパッケージ、$20 前後というプライスも支持を集める理由です。

グリーン＆オーガニックな
美を追求する

The Detox Market

ザ・デトックス・マーケット

MAP » P.149 E-4 / チェルシー＆ウエスト・ヴィレッジ
＆イースト・ヴィレッジ

76 E Houston Street, New York, NY 10012
電話：646-476-5876
最寄駅：B'way - Lafayette St ❻❹❺❻ / Bleecker St ❻
営業日：11:00 - 19:00
定休日：無休
thedetoxmarket.com

ナチュラルコスメ愛好家が頼りにしている、ザ・デトックス・マーケット。"グリーンビューティ"を掲げ、自らのガイドラインに適うアイテムだけを厳選。パラベンや合成香料など、商品への使用を禁じている原料を、その理由と共にウェブサイト上で公開し、ブレない姿勢を貫いています。ロサンゼルスやカナダのトロントに続いてオープンしたニューヨーク店では、ヨーロッパやアメリカ発の他、ニューヨーク生まれのナチュラルコスメが勢ぞろい。基礎化粧品から、ボディやヘアまで、体中をくまなくケアできるラインナップです。

ニューヨーク発のコスメでは、カヒナ・ギビング・ビューティのアルガンオイルが私のお気に入り。

小さな食材店で
グルメな買い物をする

調味料やスナックを
ジャケ買いする

Court Street Grocers
コート・ストリート・グロサーズ

MAP » P.153 A-3 / ボコカ＆ゴワナス＆パークスロープ

485 Court Street, Brooklyn, NY 11231
電話：718-722-7229
最寄駅：Smith - 9 Sts **FG**
営業日：月 - 木 7:00 - 19:00、金 8:00 - 19:00、土 7:00 - 18:00、
　　　　日 9:00 - 18:00
定休日：無休
他店舗：540 LaGuardia Place ほか
courtstreetgrocers.com

完熟果物が詰まった瓶入りクラフトジャム、ギャグみたいなラベルのホットソース、袋にぱんぱんに詰まったピスタチオ、大きなボトル入りのマスタード……。おいしさに満ちあふれた食品たちが居並ぶ棚に、食いしん坊は目が釘付けになってしまう店。グローサリーストアでありながら、サンドイッチショップでもあるここは、地域の人たちの胃袋をがっつり支える小さな名店。イタリアのハムやサラミ、数種のチーズ、ルッコラなどをゴマつきパンで挟んだ、イタリアン・コンボ・サンドイッチ（$12.86）は、この店の最高傑作です。

食欲と好奇心を誘う食品ばかり。最近見かけなくなったガラス瓶入りのハインツケチャップも。

ショップの奥がサンドイッチの注文カウンター。壁を隔てた隣には、イートイン用のテーブル席があります。

下中 | レストランでも提供されている自家製グラノーラ（1袋$7〜$9）。

人気レストランの
グローサリーを覗く

Dimes Market

ダイムス・マーケット

MAP » P.151 E-2 / ソーホー＆ロウワー・イースト・サイド ＆ロウワー・マンハッタン＆ダンボ

143 Division Street, New York, NY 10002
電話：646-870-5113
最寄駅：East Broadway **F**
営業日：月〜金 9:00 - 22:00、土・日 9:00 - 21:00
定休日：無休
dimesnyc.com/market

スーパーマーケットには並ばない小規模なメーカーやブランドの食品を積極的に取り扱い、食欲をぐいぐいっと挑発するダイムス・マーケット。ギリシャはアテネ発のハーブ＆ブレンドティー、ニューヨーク郊外で生産されているオーガニックのパンケーキミックス（ブランド名はCatskill Provisions。海塩入り）、京都・一保堂茶舗のお茶など、ニューヨークの食材店では初見の食品が目を引く店内。すぐ近くにある系列のレストランDimes（ダイムス）と、そのデリで作られる、スープ、クスクスサラダやフムスなどの惣菜も見逃せません。

中東の香りと味に
食欲を刺激される

—————

Sahadi's
サハディズ

100 THINGS TO DO IN NEW YORK

78/100

MAP » P.153 A-1 / ボコカ＆ゴワナス＆パークスロープ

187 Atlantic Avenue, Brooklyn, NY 11201
電話：718-624-4550
最寄駅：Borough Hall ❷❸❹❺/ Court St ❷ / Bergen St ❺❻
営業日：月－土 9:00 - 19:00
定休日：日
他店舗：34 35th Street Bldg 4
sahadis.com

サハディズは、中東の食品を扱う専門店。入口を入ってすぐは、ナッツやドライフルーツの詰まったガラスジャーが並ぶ売場。客が指差す商品を、店員が手際良く袋に詰め、重さを測って手渡すという、市場みたいなライブ感（地元の人が教えてくれた売れ筋は、プレッツェルのチョコがけ、Chocolate Pretzel Nuggets）。続いてピクルス、チーズ、スパイスを見て回り、もうひとつの山場、惣菜コーナーへ。パイやサラダが並ぶショーケースもいいけれど、狙うは隣のパンコーナー。スパイスがトッピングされた丸い薄焼きパンは、中東版ピザ。まだ知らぬ食に遭遇できる食材店は、やっぱり楽しい。

量り売りでは、希望の重さを伝えます。味見する程度なら、クォーターパウンド（約110g）で十分。

スーパーマーケットを
探検する

オーガニックの殿堂を
すみずみまで楽しむ

Whole Foods Market

ホール・フーズ・マーケット

全米にチェーン展開するオーガニックスーパーマーケット。ニューヨーク市内にいくつかある店舗の中でも、フロアがゆったり作られていて、混みすぎず（夕方や土日は混みます）、品ぞろえも良いため、よく足を運ぶのがブルックリンのウィリアムズバーグ店。ホール・フーズ・マーケットらしい商品といえば、365の数字が目印の、プライベートブランド。スナック菓子から調味料まで、あらゆる売場で発見できます。その他、ブルックリン産のローカルなクラフトフードも、探すのが楽しみな商品です。

MAP » P.152 B-3 / ウィリアムズバーグ＆グリーンポイント

238 Bedford Avenue, Brooklyn, NY 11249
電話：718-734-2321
最寄駅：Bedford Av **L**
営業日：8:00 - 23:00
定休日：無休
他店舗：4 Union Square East、95 E Houston Street ほか
wholefoodsmarket.com

タコシェル（パリパリのタコス用の皮）、グラノーラ、カレー粉もオリジナル。
下｜最近の私的ヒット商品は、海塩クラッカーとブルックリン産のバター。

オリジナルブランドの
とりこになる

Union Market
ユニオン・マーケット

ブルックリンのパークスロープで誕生したユニ
オン・マーケットは、"ローカル""オーガニ
ック""ナチュラル"を三大柱にしたスーパー
マーケット。店舗はどこもコンパクトながら、
食通たちのツボを押さえた商品ラインナップ。
おみやげにするなら、黒に緑の星マークが目印
のオリジナル商品を。コーヒー、チップス、オ
リーブオイルなど、さまざま試した中で私的ベ
ストは、軽くて容量たっぷりのオリジナルエコ
バッグと、ヨーグルト味のチョコレートがかけ
られたプレッツェル菓子でした。

MAP » P.149 F-4 / チェルシー＆ウエスト・ヴィレッジ
＆イースト・ヴィレッジ

240 E Houston Street, New York, NY 10002
電話：212-677-2441
最寄駅：2 Av 🅕 / Delancey St - Essex St 🅕🅙🅜🅩
営業日：7:00 - 23:00
定休日：無休
他店舗：342 Flatbush Avenue、288 Court Street ほか
unionmarket.com

ニューヨークらしい大人っぽいデザイン。コーヒー豆、トルティーヤ
チップス、グラハムクラッカーのチョコがけなんかもアリ。

ヴィンテージを
ハントする

欲しかった雑貨に
思いがけず遭遇する

Yesterday's News
イエスタデイズ・ニュース

誰かの家のガレージセールで、とびきりの掘り出し物を見つける。イエスタデイズ・ニュースでの買い物は、そんな感覚に近い。ブルックリンに店を開いて20年以上。その間に築いたあらゆる人脈を使い、時には個人から、時にはエステートセール（遺産整理のために行われる家財販売）に出向いて、家具や雑貨を仕入れているのだとか。ヴィンテージの木箱、琺瑯（ほうろう）の器、古いクッキー缶、レトロな壁掛け時計、1950〜60年代の食品見本など、大きな什器から小さな文房具まで、自由な商品構成。良心的な価格もうれしいです。

MAP » P.153 A-2 / ボコカ＆ゴワナス＆パークスロープ 🛍

428 Court Street, Brooklyn, NY 11231
電話：718-875-0546
最寄駅：Carroll St **F G**
営業日：火−金、日10:00-18:00、土10:00-17:00
定休日：月
yesterdaysnews.biz

2019年に店を拡張。掘り出し物を探すハンター魂がさらにくすぐられます。

物であふれるカオスな店先。この店に密かに買い物に来るスタイリストもいるらしい。

がらくたをかき分けて
逸品を探し当てる

Mother of Junk

マザー・オブ・ジャンク

MAP » P.152 B-3 / ウィリアムズバーグ＆グリーンポイント

567 Driggs Avenue, Brooklyn, NY 11211
電話：718-640-6299
最寄駅：Bedford Av Ⓛ
営業日：9:00 - 21:00
定休日：無休

とにかく、ものすごい物量。ジャンクという店名のごとく、不用品の山のような店内。早々にくじけそうになるけれど、目を凝らし根気よくがらくたをかき分ければ、ある時「こんなものが欲しかった！」という品に出合えます。例えばこの店で私が見つけたのは、昔のクリーニング店で使われていた木製のハンガー（1本 $1）だったり、パフェ用の細長いシルバースプーン（1本 $1.99）だったり。ファイヤーキングのマグカップなんかが、さりげなく棚に置かれて売られていたりするので、侮れません。

入荷は毎週水曜日。商品の回転が速く、行くたびに違う発見があります。

CHAPTER 4

忘れられない
思い出を作る

たくさんの景色を見て、数えきれない体験をすれば、
思い出はどんどん上書きされてゆくもの。
でも、いつまでたってもくっきりと記憶に残る、
いい意味で、しつこい思い出があります。
そんな私の忘れられないニューヨークから
"濃い"スポットを選りすぐりました。

Unforgettable things to do in New York City

デザインホテルに
滞在する

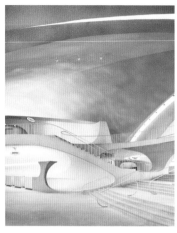

Photos courtesy of TWA Hotel / David Mitchell

ミッドセンチュリーの
名建築に心を奪われる

———

TWA Hotel

ティーダブリュエー・ホテル

———

MAP » P.155 / ティーダブリュエー・ホテル ☾

One Idlewild Drive JFK International Airport, NY 11430
電話：212-806-9000
最寄駅：Terminal 5（AirTrain JFK）
予算：クイーン $219〜
twahotel.com

20世紀のアメリカを代表する航空会社だった、トランス・ワールド航空。そのターミナルとして1962年、ジョン・F・ケネディ国際空港内にオープンしたのが、建築家エーロ・サーリネンによる羽を広げたような白亜の建物。2019年、数年にわたるリノベーションを経て、ホテルとしてデビューしました。かつてのチェックインカウンターはフロントとなり、メインターミナルはラウンジに様変わり。飛行機ビューが叶うレトロな客室（防音ガラスにより、驚くほど無音！）や、プロペラ機を改造したバーで、ミッドセンチュリーな気分が味わえます。

100 THINGS TO DO IN NEW YORK
83/100

有機的な曲線を用いた名建築。
映画『キャッチ・ミー・イフ・ユー・キャン』にも登場。

有名シェフのレストラン、飛行機ビューの屋外プール＆バーもアリ。宿泊以外に、日中のみの客室利用も可能。

ソーホーもロウワー・イースト・サイドも徒歩圏内。街歩きしやすい立地。

心地よいステイと街歩き ふたつを叶える

Sister City

シスター・シティ

MAP » P.151 D-1 / ソーホー＆ロウワー・イースト・サイド ＆ロウワー・マンハッタン＆ダンボ

225 Bowery, New York, NY 10002
電話：646-343-4500
最寄駅：Bowery ❷❷ / 2 Av ❺
予算：1部屋 $259〜
sistercitynyc.com

思わず通り過ぎてしまうほど、控えめなサインの入口。セルフサービスでチェックインを行う簡素なロビー。木材を多用し、クローゼットやテーブルは壁に作り付け、コンパクトな空間を最大限に生かした客室。シンプル、機能的、そして美しい。そんなコンセプトのシスター・シティは、世界的に知られるデザインホテル Ace Hotel（エース・ホテル）のチームが手がけた最新ホテル。1階にはダイニングレストランのフローレット（P.44）、11階にはルーフトップバーを設け、飲む＆食べるも堪能できる仕様です。

100 THINGS TO DO IN NEW YORK

85 / 100

ブルックリンで
暮らすように過ごす

Wythe Hotel

ワイス・ホテル

MAP » P.152 B-2 / ウィリアムズバーグ & グリーンポイント ☾

80 Wythe Avenue, Brooklyn, NY 11249
電話：718-460-8000
最寄駅：Bedford Av ❶ / Nassau Av ❻
予算：1 部屋 $225〜
wythehotel.com

ブルックリンにおけるデザインホテルの先駆け
が、ワイス・ホテル。1901年建造の工場を改装
し、古い梁やレンガの壁、モザイクタイルの床
などのヴィンテージな意匠と、モダンな家具や
アートを融合させた空間。ゆったりした部屋の
つくり、マンハッタンにはないのびのびとした
空気感が、くつろいだ滞在を叶えます。2019年
には、ルーフトップバーのLemon's（レモンズ）、
1 階にあるフレンチレストランのLe Crocodile
（ル・クロコディール）が相次いでリニューアル
オープン。次々にホテルが開業するウィリアム
ズバーグエリアで、新生ワイス・ホテルが始動
しました。

Photos by Matthew Williams

天井高のあるロフトスタイルの客室。大きな窓からマンハッタンが望める部屋も。

地下鉄で
ビーチへ繰り出す

潮風に当たりながら
ホットドッグをほおばる

Coney Island

コニーアイランド

MAP » P.154 / コニーアイランド

Riegelmann Boardwalk, Brooklyn, NY 11224
最寄駅：Coney Island - Stillwell Av ＤＦＱ

マンハッタンから地下鉄で約1時間。初乗り運賃（$2.75）で気軽に行けちゃうビーチ。それが、ブルックリン南端のコニーアイランド。駅から一歩外へ出れば、シティとは明らかに違う潮風。ビーチ添いを約4kmにわたって散策できるボードウォークの他（もちろん夏はビーチで海水浴もOK）、遊園地のLuna Park（ルナ・パーク）や水族館もある、ちょっとノスタルジックな色あいの観光地。名物は1916年開業の老舗ホットドッグ店Nathan's（ネイサンズ）のホットドッグとチーズフライ。コニーアイランドでは、ニューヨークの違う顔に出合えます。

ウディ・アレンの映画などに登場、ロケ地としても知られるコニーアイランド。

駅前の他、海を眺められるボードウォーク沿いにもネイサンズがあります。

小さな美術館を
訪ねる

彫刻家イサム・ノグチの
感性にふれる

The Noguchi Museum

ザ・ノグチ・ミュージアム

半屋外の空間に屹立する石の彫刻。屋内の展示
室には、巨大な輪や、ねじれた棒、大理石や鉄、
ブロンズなどを用いた大小の作品。わずかな光
を浴びて浮かび上がる抽象的な彫刻群は、私た
ち鑑賞者それぞれの感情や記憶、または欲望を
呼び起こすかのよう……。クイーンズにある
ザ・ノグチ・ミュージアムは、日系アメリカ人
の彫刻家イサム・ノグチが、自身の作品を展示
する目的で生前に設立した美術館。ハイライト
は、敷地内に設けられた彫刻庭園。安穏な空気
に包まれながら、自然と調和する彫刻作品に向
き合うことができます。

MAP » P.155 / ザ・ノグチ・ミュージアム

9-01 33rd Road, Queens, NY 11106
電話：718-204-7088
最寄駅：Broadway **NW**
営業日：水−金 10:00 - 17:00、土・日 11:00 - 18:00
定休日：月・火
料金：大人 $10、シニア $5、学生 $5
noguchi.org

元工場を改装し、作家自らがデザインや会場構成を行ったミュ
ージアム。常設の展示に加え企画展もあり。

彫刻の他、ドローイングやオブジェ、舞台装置なども展示されています。

Photos courtesy of The Morgan Library & Museum

大富豪のコレクションと
図書室に感動する

The Morgan Library & Museum

ザ・モルガン・ライブラリー & ミュージアム

MAP » P.147 D-4 / ミッドタウン

225 Madison Avenue, New York, NY 10016
電話：212-685-0008
最寄駅：33 St ⑥ / Grand Central - 42 St ④⑤⑥⑦
営業日：火～木 10:30 - 17:00、金 10:30 - 21:00、
　　　　土 10:00 - 18:00、日 11:00 - 18:00
定休日：月
料金：大人 $22、シニア $14、学生 $13
themorgan.org

希少な書物を収蔵する図書室を観賞する。それ
が、ザ・モルガン・ライブラリーの楽しみ方。
銀行家で大富豪のJ.P.モルガンが、自ら蒐集し
た印刷物のために建造した私的なライブラリー
を一般公開。3フロアの書棚で囲まれた贅沢な
図書室は、ため息もの。約500年前にヨーロッ
パで活版印刷されたグーテンベルク聖書や、宝
石で煌びやかにデコられた中世の福音書、革張
りや布張りの美しい装丁本の数々。時を経た今
も、生き生きとした姿の活字や挿絵。それらを
食い入るように眺めるだけで幸せ。本を愛する
人にはたまらない場所です。

右｜建築家のレンゾ・ピアノによる都会的なファサード。1906年建造のライブラリーとの対比がユニーク。

ＮＹ近代美術館の別館で
現代アートに親しむ

MoMA PS1

モマ・ピーエスワン

MAP » P.155 / モマ・ピーエスワン

22-25 Jackson Avenue, Long Island City, NY 11101
電話：718-784-2084
最寄駅：21 St Ⓖ / Court Sq-23 St ⒺⓂ / Court Sq Ⓖ⑦
営業日：月、木~日 12:00-18:00
定休日：火・水
料金：大人 $10、シニア $5、学生 $5
moma.org/ps1

まわりにこれといった店もない場所に、コンクリートの壁で覆われた一角。中に入れば、中庭に白いドーム型の展示室、その奥には刺激的なアートの数々で満たされたレンガ造りの建物。モマ・ピーエスワンは、新進作家や新しいジャンルの作品展示を主眼とした、現代美術専門の美術館。マンハッタンにあるMoMA（ニューヨーク近代美術館）の別館として知られています。企画展はもちろん、公立学校だったという建物の特性や面白さを生かした、常設のインスタレーションにも注目。床に空いた穴、廊下に吊るされた照明や階段のレンガ壁に、思わぬアートを発見して、笑顔になります。

上左 |
Ernesto Caivano. In the Woods. 2004. © 2018 Ernesto Caivano. Photo: Martin Seck
上中 |
Alan Saret. The Hole at P.S.1, Fifth Solar Chthonic Wall Temple. 1976.
© 2018 Alan Saret. Photo: Pablo Enriquez
上右 |
James Turrell. Meeting. 1980-86/2016. Light and space.
The Museum of Modern Art, New York. Gift of Mark and Lauren Booth
in honor of the 40th anniversary of MoMA PS1. Photo: Pablo Enriquez

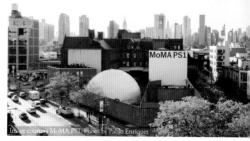

Image courtesy MoMA PS1. Photo by Pablo Enriquez

ブルックリンの北、クイーンズ区にある美術館。
夏には屋外で音楽イベント、秋にはアートブックフェアを開催。

オタクな博物館に
足を運ぶ

新旧の地下鉄車両に
乗ってみる

New York Transit Museum
ニューヨーク・トランジット・ミュージアム

その昔に利用されていた旧コート・ストリート
駅の跡地にあるため、博物館への入口は地下鉄
駅に通じる下り階段。館内のメインフロアから
さらに地下へ降りれば、そこは多くの人が往来
したであろう、かつてのプラットホームが広が
っています。ホームの両脇には、20ものヴィン
テージ車両が勢ぞろい。1900年代初頭のもの
から、40年代、50年代、60年代のものまで、座
席の配置やドアのデザイン、壁の色が異なるヴ
ィンテージ車両に、実際に乗りこんで座席にま
で座れてしまうという、気前が良すぎる体感型。
地下鉄好きは、興奮冷めやらぬ博物館です。

MAP » P.153 B-1 / ボコカ&ゴワナス&パークスロープ

99 Schermerhorn Street, Brooklyn, NY 11201
電話：718-694-1600
最寄駅：Borough Hall ❷❸❹❺ / Jay St - MetroTech ❹❻❶❷
営業日：火-金 10:00 - 16:00、土・日 11:00 - 17:00
定休日：月
料金：大人 $10、シニア $5、子供（2〜17歳）$5
nytransitmuseum.org

駅名のフォント、吊革の形などから、時代の変遷を感じます。
下｜1900年代初頭の車両は、籐で編まれた座席。

カオスな収蔵品の
由来を探る

The City Reliquary Museum

ザ・シティ・レラクワリー・ミュージアム

無用になったもの、人によってはゴミ同然のも
の、そんな人工遺物を収集し展示することで、
ニューヨークの今と昔を感じてもらう。それが
この小さなミュージアムの使命。無数の自由の
女神像、炭酸水用のボトル、メジャーリーガー
の肖像画、食品パッケージ、建物のがれきなど
が、所狭しと並べられた館内はカオスのひと言。
近所のベーカリーで飾られていたという、溶け
かかったケーキの見本はもはやホラーだし、
「かわいいパッケージ！」と心躍らせた箱は、
ブルックリンで製造された座薬というオチ。何
はともあれ、どんなモノにも物語がある。その
素晴らしさを実感できる場所です。

MAP » P.152 C-3 / ウィリアムズバーグ＆グリーンポイント

370 Metropolitan Avenue, Brooklyn, NY 11211
電話：718-782-4842
最寄駅：Bedford Av **L** / Metropolitan Ave **G**
営業日：木-日 12:00-18:00
定休日：月-水
料金：大人 $7、シニア $5、学生 $5
cityreliquary.org

100 THINGS TO DO IN NEW YORK
91 / 100

中｜おみやげ品として大量生産されてきた自由の女神像。
実はひとつずつ、サイズや表情が異なるという奥深い世界。

ヒップな界隈を散策する

しっかり甘いキーライムパイ。
持ち帰り専門

ウィスキーの蒸留所 &
チョコレート工場がひとつ屋根の下

CACAO PRIETO

WIDOW JANE

港町の酒場。
1890年代から続く庶民のためのバー

SUNNY'S BAR

botanica

蒸留所の隣にあるカクテルバーで一杯

BROOKLYN CRAB

海の家みたいな佇まいの蟹専門店

HOMETOWN BAR-B-QUE

アメリカ南部の
本格バーベキュー

Ample Hills CREAMERY

おやつにクラフトアイスクリーム

WOODEN SLEEPERS RED HOOK, B'KLYN

FAIRWAY

海が目の前のスーパーマーケット

メンズ中心のヴィンテージウェア

ショップが集中する通りは Van Brunt Street（ヴァン・ブラント・ストリート）。
海に近い端っこにあるスーパーマーケットのフェアウェイを目印に街歩きをスタート。

132

ブルックリンらしい
ゆるさを肌で感じる

Red Hook
レッドフック

Red Hook MAP

MAP » P.154 / レッドフック

最寄駅：Smith-9 Sts F G ＋バス B61

食材店（P.110）が手がける
サンドイッチショップ

元工場をリノベした
アートギャラリー（P.141）

PIONEER WORKS
CENTER FOR ART & INNOVATION

KEMPTON & Co.
NEW YORK

ブルックリン生まれの
バッグやポーチ

COURT STREET GROCERS
hero Shop

RED HOOK LOBSTER POUND

メイン州から届く
ロブスターに食らいつく

ERIE BASIN

アンティークジュエリーに
うっとり（うっかり散財）

Record shop

ゆるゆるっと営業
穴場のレコードショップ

WINES LIQUORS

Red Hook TAVERN

baked

BAKED

ブラウニーやレモンバー
アメリカンな焼き菓子

行列が絶えない新店
狙うはハンバーガー

FORT DEFIANCE
cafe ★ Bar

フードが侮れないカフェ＆バー

週末の食イベントを
攻略する

午後は大混雑、行列ができる屋台も。11時の開場時に訪れるのが賢い攻略法。

フード屋台を食べ歩き
胃袋を満たす

——————

Smorgasburg
スモーガスバーグ

93/100

100 THINGS TO DO IN NEW YORK

MAP » P.152 A-3 / ウィリアムズバーグ＆グリーンポイント

East River State Park, 90 Kent Avenue, Brooklyn, NY 11211
最寄駅：Bedford Av **Ⓛ**
営業日：土 11:00 - 18:00
他店舗：日曜は Prospect Park にて開催。屋外は夏期のみ。
　　　　冬期は開催場所＆営業時間が異なるためウェブサイトで
　　　　確認を。
smorgasburg.com

屋外にずらっと100近くのフード屋台。タコス、ハンバーガー、焼きそばから、見たことも聞いたこともない食べ物まで。常連の屋台に加え、毎年ニューフェイスも参加し、実験的な食が大集合する週末イベント。気になる屋台をはしごして、買い食いするのがこんなにも愉快だなんて。2019年のMVP（完全な独断による）は、日本の卵焼きからインスパイアされた、Crack'd（クラックト）の卵サンドバーガー、かき氷の上にウベ（紫色の山芋）のアイスクリームとナタデココ、フルーツを山盛りにした、Ube Kitchen（ウベ・キッチン）のハロハロでした。

ブラジルのストリートフード、スフレパンケーキ、アフガニスタン料理など、好奇心がむくむく湧く食のオンパレード。

ニューヨークの"音"を
体で感じる

ジャズライブを
体験する

Smalls
スモールズ

ニューヨークといえばジャズ。でもジャズに明るくない私にとって、ジャズクラブはアウェイな場所。いつも二の足を踏んでいた、そんな私が「ちょっとジャズでも聞きに行こうか」ぐらいの気軽さで、立ち寄れるクラブを発見。それがスモールズ。入場料は $20。19:30 から 1 時間または 1 時間半ごとに演奏が行われ、毎夜 3 組ほどのバンドが出演。もちろん予約の必要なし。ふらりと訪れ、並んで入場料を支払い、空いている席に着いたらドリンクを注文するだけ。演者との距離が近く、音を全身で受け止めるような体験。ああ、ジャズって楽しい。

MAP » P. 148 C-3 / チェルシー & ウエスト・ヴィレッジ
& イースト・ヴィレッジ

183 W 10th Street, New York, NY 10014
最寄駅：Christopher St - Sheridan Sq ❶
営業日：月 – 金 19:30 - 4:00、土 16:00 - 4:00、日 13:00 - 4:00
定休日：無休
料金：入場料 $20（飲み物代は別途）
smallslive.com

入場料とは別に、ドリンクのオーダーが必要（金・土はセットごとに入場料が必要）。席は先着順。

ルーフトップは夏期、イベント開催時のみ営業。詳しくはウェブサイトを参照のこと。

ライブ＆DJイベント
どちらも欲張ってみる

Elsewhere
エルスウェア

MAP » P.154 / エルスウェア 📷

599 Johnson Avenue #1, Brooklyn, NY 11237
最寄駅：Jefferson St Ⓛ
営業日：月－木・日 18:00 - 2:00、金・土 18:00 - 4:00
定休日：無休
elsewherebrooklyn.com

エルスウェアは、殺伐とした倉庫街がブルック
リンらしさを留める一帯にあるライブハウス。
屋内にはローカルなロックバンドやヒップホッ
プシンガーのライブが行われる会場がふたつ。
屋上には夜な夜なDJイベントが催されるルー
フトップバーがあり、夏の週末は、爆音と熱狂
で大盛り上がり。ちなみに建物の1階には、ヒ
ップな中国料理レストラン、Mission Chinese
Food（ミッション・チャイニーズ・フード）も。
お腹を十分に満たしてから、夜のライブやイベ
ントに繰り出すことができます。

アート＆パフォーマンスに
ふれる

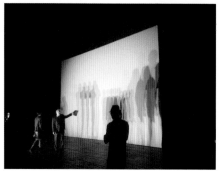

左上＆下｜マーティン・クリードの展示。　右下｜ドリルホールでのダンス公演。

歴史的建物で
観劇する

Park Avenue Armory

パーク・アヴェニュー・アーモリー

MAP » P.145 D-4 / アッパー・サイド

643 Park Avenue, New York, NY 10065
電話：212-616-3930
最寄駅：68 St Hunter College ❻
営業日：展示内容や演目によって異なる
armoryonpark.org

パーク・アヴェニュー・アーモリーは、1861年に建造された軍施設。社交クラブの機能も兼ねた館内は華やかな内装。さらに格納庫や訓練施設として使われていた、約5000平方メートルの広大なドリルホールも併設。これらの施設をフル活用し、ダンスパフォーマンス、演劇、アートのインスタレーションが開催されています。例えば2016年夏に行われたのは、英国の美術家 Martin Creed（マーティン・クリード）による、部屋が巨大な風船で埋め尽くされるインスタレーション。歴史的な空間とアートのダイナミックな化学反応が衝撃を与えました。

前衛的な舞台に
インスパイアされる

Brooklyn Academy of Music
ブルックリン・アカデミー・オブ・ミュージック

MAP » P.153 C-1 / ボコカ & ゴワナス & パークスロープ

30 Lafayette Avenue, Brooklyn, NY 11217
電話：718-636-4100
最寄駅：Atlantic Av - Barclays Ctr ⓑⓠ②③④⑤ⓓⓝⓡ /
　　　　Lafayette Av ⓒ / Fulton St ⓖ
営業日：演目によって異なる
bam.org

1900年代初めに、ブルックリンにオープンした歴史ある劇場、通称BAM（バム）。クラシカルな建物とその佇まいに反して、催されるのはコンテンポラリーダンス、前衛的な舞台やパフォーマンスが中心。クリスマスシーズンの定番「くるみ割り人形」も、バムの劇場で観客を沸かせたのは、ニューヨークのマーク・モリス・ダンス・グループによるコミカルなショーでした。演劇界の巨匠、ピーター・ブルックのオペラから、マドンナのライブまで、マルチな演目で、いつも感動と刺激を届けてくれます。

Courtesy of BAM. Photo by Peter Mauss

Courtesy of BAM. Photo by E. Kaufman Harvey

メインの劇場には映画館も併設。スケジュールの確認やチケットの購入はウェブサイトから。

アートギャラリーを
見て歩く

美術館レベルの作品から
パワーをもらう

アートギャラリーの密集地チェルシー。画廊といった風情のコンパクトな空間から、スケールの大きな彫刻作品を展示する大規模なスペースまでをハシゴして、アート散策を。入場料は不要。アンディ・ウォーホルやジャン＝ミシェル・バスキア、現代美術家のダミアン・ハースト、村上隆、草間彌生、彫刻家のリチャード・セラ、画家のジョルジョ・モランディなど、そうそうたる顔ぶれの美術館級アートを鑑賞することができます。

Gagosian

ガゴシアン

ニューヨーク市内に数箇所を有するガゴシアンは、コンテンポラリーアートに特化したギャラリー。

Photo:Robert McKeever.
Courtesy Gagosian.

MAP » P.148 A-1 / チェルシー＆ウエスト・ヴィレッジ＆イースト・ヴィレッジ

555 W 24th Street, New York, NY 10011
電話：212-741-1111
最寄駅：23 St **CE** / 34 St - Hudson Yards **7**
営業日：月–土 10:00 - 18:00
定休日：日
他店舗：522 W 21st Street、980 Madison Avenue ほか
gagosian.com

Installation View, 2019 Artwork © Jonas Wood.
Photo: Robert McKeever. Courtesy Gagosian.

David Zwirner

デヴィッド・ツヴィルナー

同じく現代美術のギャラリーとして知られた一軒。いずれのギャラリーも期間限定で企画展を開催しています。

Photo by Jason Schmidt.
Courtesy David Zwirner

MAP » P.148 A-2 / チェルシー＆ウエスト・ヴィレッジ＆イースト・ヴィレッジ

537 W 20th Street, New York, NY 10011
電話：212-517-8677
最寄駅：23 St **CE** / 34 St - Hudson Yards **7**
営業日：火–土 10:00 - 18:00
定休日：日・月
他店舗：525 W 19th Street、34 E 69th Street
davidzwirner.com

Photo : Courtesy David Zwirner

レンガ造りの元工場。建物の裏側には庭も。アート鑑賞後は、庭でのんびり休憩。

工場を改装したスペースで
アートに没頭する

Pioneer Works

パイオニア・ワークス

MAP » P.154 / レッドフック

159 Pioneer Street, Brooklyn, NY 11231
電話：718-596-3001
最寄駅：Smith-9 Sts **FG** ＋バス B61
営業日：水-日 12:00-19:00
定休日：月・火
pioneerworks.org

ブルックリンの港町、海沿いのレッドフックにある3階建ての元工場を、アーティストたちがリノベーションし、アートギャラリーやスタジオとして蘇らせた場所。天井の高い吹き抜けの展示会場を、あるときは透明な風船の形をした巨大なアートオブジェが占拠。またあるときは、壁を伝って歩かなければならないほどの暗闇の中、光を使った幻想的なインスタレーションを展開。元工場だからこそ叶うスケール感と、日常を超越したアート体験は、パイオニア・ワークスならではのものです。

トートバッグを
おみやげにする

書店や食材店の
オリジナルを狙う

使ってうれしい、もらってうれしいトートバッグ。おみやげにするならば、書店や食材店が独自に制作し、店頭で販売しているトートバッグを狙いたい。ニューヨークの街だからこそ手に入る、特別な一枚。街歩きの途中で好きなデザインに出合ったら、迷わず購入を。

ニューヨークらしいロゴをあしらったトートバッグは、青い魚マークがアイコンの老舗ユダヤ食材店のもの。$25
A

トートバッグ界に新風を巻き起こした、ピンクカラー。ブルックリンにあるインディペンデント系書店のオリジナル。$12 B

ブランドロゴだけの潔さ。ショップで商品を購入すれば無料でもらえるトートバッグ。バッグだけの購入も可能。$14 C

最近デザインがリニューアルされた、独立系書店のオリジナル。濃紺に白のロゴがクール。色違いもあり。$20 D

ブルックリンにあるパイ専門店のトートバッグ。汚れにくく、大容量で雨にも強い、使える1枚です。$ 20 [E]

ワイス・ホテルのトートバッグは、紺、生成り、写真のホワイトの3種。ホテルのフロントで購入できます。$ 25 [F]

花屋とコーヒーショップが合体したブルックリンの店、ホームカミングのオリジナル。赤い色が新鮮。$ 15 [G]

[A] **Russ & Daughters**　ラス＆ドーターズ
MAP » P.151 D-1 / ソーホー＆ロウワー・イースト・サイド＆ロウワー・マンハッタン＆ダンボ
179 E Houston Street, New York, NY 10002　電話：212-475-4880　最寄駅：2 Av [F]
営業日：月－水、金－日 8:00 - 18:00、木 8:00 - 19:00　定休日：無休　russanddaughters.com

[B] **Books Are Magic**　ブックス・アー・マジック
MAP » P.153 B-2 / ボコカ＆ゴワナス＆パークスロープ
225 Smith Street, Brooklyn, NY 11231　電話：718-246-2665　最寄駅：Bergen St [F][G]
営業日：月－金 10:00 - 21:00、土 9:00 - 21:00、日 9:00 - 19:00　定休日：無休　booksaremagic.net

[C] **D.S. & Durga**　ディーエス＆ダーガ » P.106

[D] **McNally Jackson Books Soho**
マクナリー・ジャクソン・ブックス・ソーホー
MAP » P.150 C-1 / ソーホー＆ロウワー・イースト・サイド＆ロウワー・マンハッタン＆ダンボ
52 Prince Street, New York, NY 10012　電話：212-274-1160
最寄駅：Spring St [6] / Prince St [R][W] / B'way-Lafayette St [B][D][F][M]
営業日：月－土 10:00 - 22:00、日 10:00 - 21:00　定休日：無休　mcnallyjackson.com

[E] **Four & Twenty Blackbirds**　フォー＆トゥエンティ・ブラックバーズ
MAP » P.153 B-3 / ボコカ＆ゴワナス＆パークスロープ
439 3rd Avenue, Brooklyn, NY 11215　電話：718-499-2917　最寄駅：4 Av-9 St [F][G][R]
営業日：月－金 8:00 - 20:00、土 9:00 - 20:00、日 10:00 - 19:00　定休日：無休　birdsblack.com

[F] **Wythe Hotel**　ワイス・ホテル » P.123

[G] **Homecoming**　ホームカミング
MAP » P.152 B-3 / ウィリアムズバーグ＆グリーンポイント
92 Berry Street, Brooklyn, NY 11249　電話：347-599-1949　最寄駅：Bedford Av [L]
営業日：月－金 7:30 - 19:00、土・日 8:30 - 19:00　定休日：無休　home-coming.com

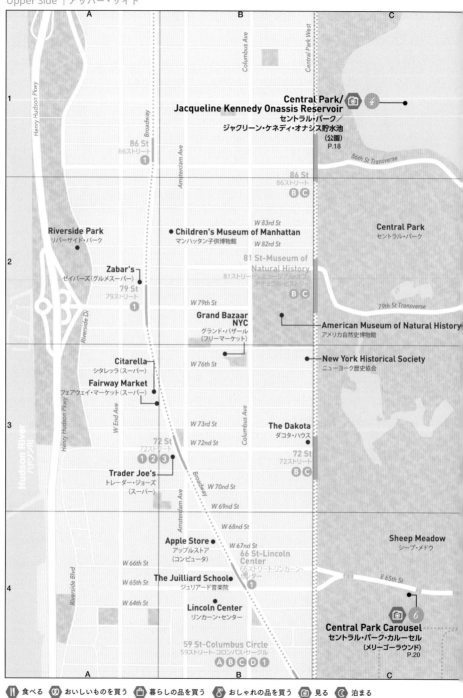

Central Park/
Jacqueline Kennedy Onassis Reservoir
セントラル・パーク／
ジャクリーン・ケネディ・オナシス貯水池
（公園）
P.18

Central Park
セントラル・パーク

86 St
86ストリート

86 St
86ストリート

Riverside Park
リバーサイド・パーク

Children's Museum of Manhattan
マンハッタン子供博物館

Zabar's
ゼイバーズ（グルメスーパー）

79 St
79ストリート

81 St-Museum of
Natural History
81ストリート・ミュージアム・オブ・
ナチュラル・ヒストリー

Grand Bazaar
NYC
グランド・バザール
（フリーマーケット）

American Museum of Natural History
アメリカ自然史博物館

Citarella
シタレッラ（スーパー）

New York Historical Society
ニューヨーク歴史協会

Fairway Market
フェアウェイ・マーケット（スーパー）

72 St
72ストリート

The Dakota
ダコタ・ハウス

72 St
72ストリート

Trader Joe's
トレーダー・ジョーズ
（スーパー）

Sheep Meadow
シープ・メドウ

Apple Store
アップルストア
（コンピュータ）

66 St-Lincoln
Center
66ストリート・リンカーン・
センター

The Juilliard School
ジュリアード音楽院

Lincoln Center
リンカーン・センター

Central Park Carousel
セントラル・パーク・カルーセル
（メリーゴーラウンド）
P.20

59 St-Columbus Circle
59ストリート・コロンバス・サークル

食べる　　おいしいものを買う　　暮らしの品を買う　　おしゃれの品を買う　　見る　　泊まる

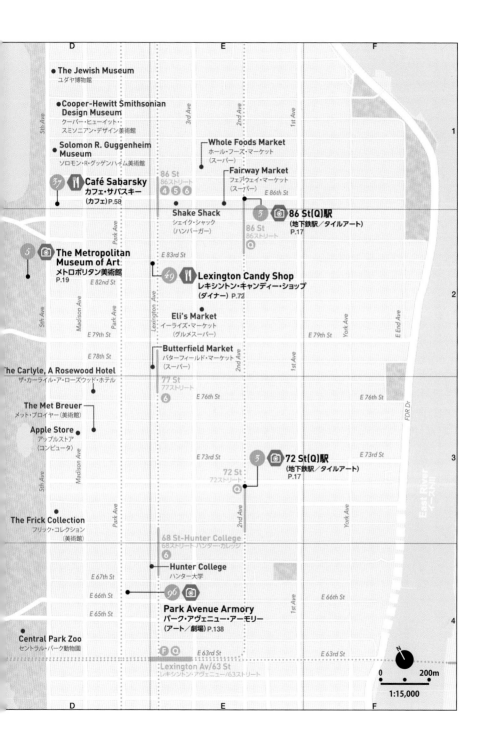

The Jewish Museum
ユダヤ博物館

Cooper-Hewitt Smithsonian Design Museum
クーパー・ヒューイット・スミソニアン・デザイン美術館

Solomon R. Guggenheim Museum
ソロモン・R・グッゲンハイム美術館

5th Ave

3rd Ave

2nd Ave

1st Ave

Café Sabarsky
カフェ・サバスキー
（カフェ）P.58

Whole Foods Market
ホール・フーズ・マーケット
（スーパー）

86 St
86ストリート
❹❺❻

E 86th St

Fairway Market
フェアウェイ・マーケット
（スーパー）

Park Ave

Shake Shack
シェイク・シャック
（ハンバーガー）

86 St
86ストリート

86 St(Q)駅
（地下鉄駅／タイルアート）
P.17

The Metropolitan Museum of Art
メトロポリタン美術館
P.19

E 83rd St

E 82nd St

Lexington Candy Shop
レキシントン・キャンディー・ショップ
（ダイナー）P.72

5th Ave

Madison Ave

Park Ave

Lexington Ave

2nd Ave

1st Ave

York Ave

E End Ave

Eli's Market
イーライズ・マーケット
（グルメスーパー）

E 79th St

E 79th St

Butterfield Market
バターフィールド・マーケット
（スーパー）

E 78th St

The Carlyle, A Rosewood Hotel
ザ・カーライル・ア・ローズウッド・ホテル

77 St
77ストリート
❻

E 76th St

E 76th St

FDR Dr

The Met Breuer
メット・ブロイヤー（美術館）

Apple Store
アップルストア
（コンピュータ）

Madison Ave

E 73rd St

E 73rd St

E 73rd St

72 St(Q)駅
（地下鉄駅／タイルアート）
P.17

72 St
72ストリート

5th Ave

Park Ave

2nd Ave

York Ave

East River
イースト川

The Frick Collection
フリック・コレクション
（美術館）

68 St-Hunter College
68ストリート・ハンター・カレッジ
❻

Hunter College
ハンター大学

E 67th St

E 66th St

Park Avenue Armory
パーク・アヴェニュー・アーモリー
（アート／劇場）P.138

E 65th St

E 66th St

1st Ave

Central Park Zoo
セントラル・パーク動物園

E 63rd St

E 63rd St

Lexington Av/63 St
レキシントン・アヴェニュー/63ストリート

N

0   200m

1:15,000

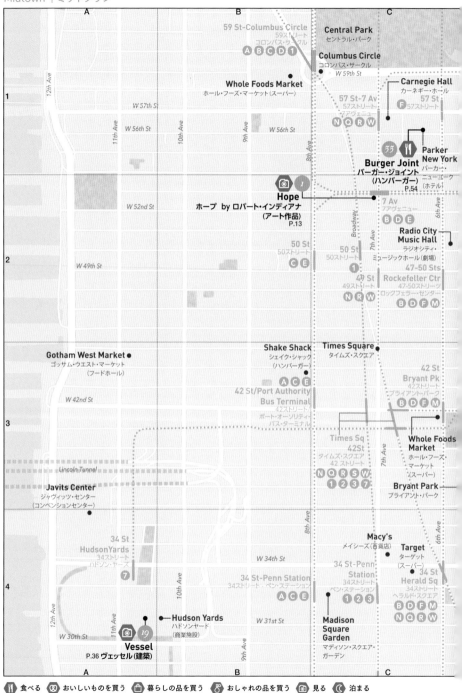

食べる　おいしいものを買う　暮らしの品を買う　おしゃれの品を買う　見る　泊まる

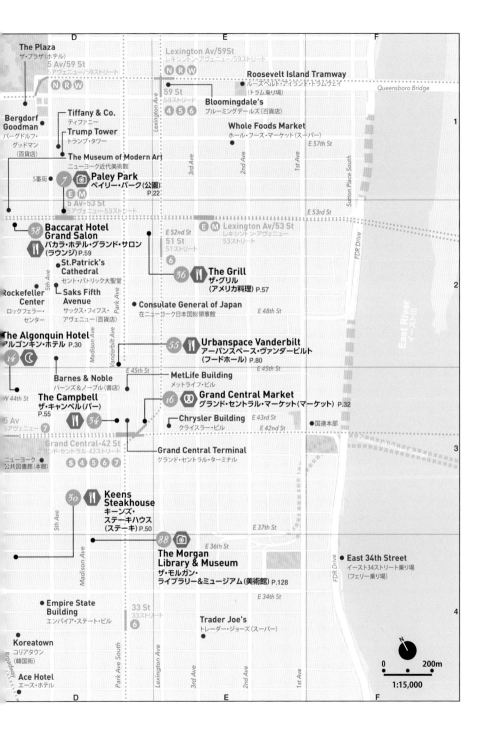

The Plaza
ザ・プラザ (ホテル)
5 Av / 59 St
5アベニュー / 59ストリート
N R W

Lexington Av/59St
レキシントン・アベニュー/59ストリート
N R W

Roosevelt Island Tramway
ルーズベルト・アイランド・トラムウェイ
(トラム乗り場)

Queensboro Bridge

59 St
59ストリート
4 5 6

Bloomingdale's
ブルーミングデールズ (百貨店)

Bergdorf
Goodman
バーグドルフ・
グッドマン
(百貨店)

Tiffany & Co.
ティファニー

Trump Tower
トランプ・タワー

Whole Foods Market
ホール・フーズ・マーケット (スーパー)

E 57th St

The Museum of Modern Art
ニューヨーク近代美術館

5番街 7 📷 Paley Park
ペイリー・パーク (公園)
P.22
E M

5 Av-53 St
5アベニュー53ストリート

E M Lexington Av/53 St
レキシントン・アベニュー
53ストリート

Sutton Place South

E 53rd St

FDR Drive

38 Baccarat Hotel
Grand Salon
バカラ・ホテル・グランド・サロン
(ラウンジ) P.59

E 52nd St
51 St
51ストリート
6

St.Patrick's
Cathedral
セント・パトリック大聖堂

36 The Grill
ザ・グリル
(アメリカ料理) P.57

Rockefeller
Center
ロックフェラー・
センター

Saks Fifth
Avenue
サックス・フィフス・
アヴェニュー (百貨店)

Consulate General of Japan
在ニューヨーク日本国総領事館

E 48th St

East River
イーストリバー

The Algonquin Hotel
アルゴンキン・ホテル P.30
14 ☾

55 Urbanspace Vanderbilt
アーバンスペース・ヴァンダービルト
(フードホール) P.80

Madison Ave

Vanderbilt Ave

E 45th St

E 45th St

Barnes & Noble
バーンズ＆ノーブル (書店)

MetLife Building
メットライフ・ビル

W 44th St

The Campbell
ザ・キャンベル (バー)
P.55

54

16 Grand Central Market
グランド・セントラル・マーケット (マーケット) P.32

Chrysler Building
クライスラー・ビル
E 43rd St
E 42nd St

国連本部

5 Av
5アベニュー 7

Grand Central-42 St
グランド・セントラル・42ストリート
S 4 5 6 7

Grand Central Terminal
グランド・セントラル・ターミナル

ニューヨーク
公共図書館 (本館)

50 Keens
Steakhouse
キーンズ・
ステーキハウス
(ステーキ) P.50

E 37th St

88 📷
E 36th St

5th Ave

The Morgan
Library & Museum
ザ・モルガン・
ライブラリー＆ミュージアム (美術館) P.128

FDR Drive

East 34th Street
イースト34ストリート乗り場
(フェリー乗り場)

Empire State
Building
エンパイア・ステート・ビル

Madison Ave

33 St
33ストリート
6

E 34th St

Koreatown
コリアタウン
(韓国街)

Park Ave South

Lexington Ave

Trader Joe's
トレーダー・ジョーズ (スーパー)

N

Ace Hotel
エース・ホテル

Broadway

3rd Ave

2nd Ave

1st Ave

0   200m
1:15,000

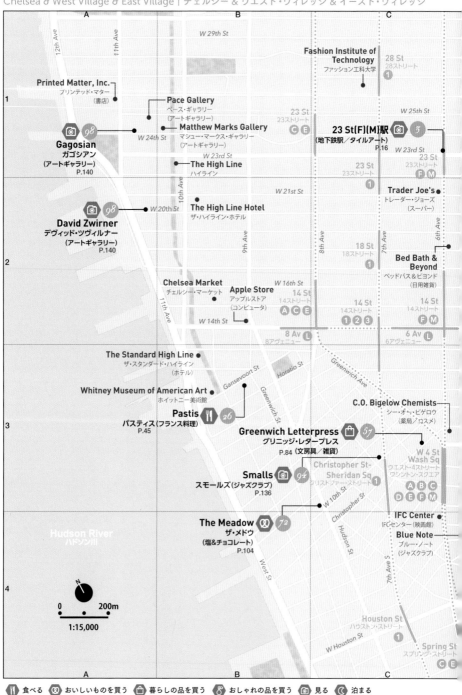

W 29th St

Fashion Institute of Technology
ファッション工科大学

28 St
28ストリート

Printed Matter, Inc.
プリンテッド・マター
（書店）

Pace Gallery
ペース・ギャラリー
（アートギャラリー）

Matthew Marks Gallery
マシュー・マークス・ギャラリー
（アートギャラリー）

23 St
23ストリート

W 25th St

23 St(F)(M)駅
（地下鉄駅／タイルアート）
P.16

W 23rd St

Gagosian
ガゴシアン
（アートギャラリー）
P.140

W 24th St

23 St
23ストリート

W 23rd St

The High Line
ハイライン

23 St
23ストリート

W 21st St

Trader Joe's
トレーダー・ジョーズ
（スーパー）

David Zwirner
デヴィッド・ツヴィルナー
（アートギャラリー）
P.140

W 20th St

The High Line Hotel
ザ・ハイライン・ホテル

18 St
18ストリート

Bed Bath & Beyond
ベッドバス＆ビヨンド
（日用雑貨）

Chelsea Market
チェルシー・マーケット

Apple Store
アップルストア
（コンピュータ）

W 16th St

14 St
14ストリート

14 St
14ストリート

14 St
14ストリート

W 14th St

8 Av
8アヴェニュー

6 Av
6アヴェニュー

The Standard High Line
ザ・スタンダード・ハイライン
（ホテル）

Whitney Museum of American Art
ホイットニー美術館

Pastis
パスティス（フランス料理）
P.45

Greenwich Letterpress
グリニッジ・レタープレス
P.84（文房具／雑貨）

C.O. Bigelow Chemists
シー・オー・ビゲロウ
（薬局／コスメ）

W 4 St
Wash Sq
ウエスト・4ストリート
ワシントン・スクエア

Smalls
スモールズ（ジャズクラブ）
P.136

Christopher St-
Sheridan Sq
クリストファー・ストリート・

The Meadow
ザ・メドウ
（塩＆チョコレート）
P.104

W 10th St

Christopher St

IFC Center
IFCセンター（映画館）

Blue Note
ブルー・ノート
（ジャズクラブ）

Hudson River
ハドソン川

West St

Houston St
ハウストン・ストリート

W Houston St

Spring St
スプリング・ストリート

0　　　200m
1:15,000

食べる　　おいしいものを買う　　暮らしの品を買う　　おしゃれの品を買う　　見る　　泊まる

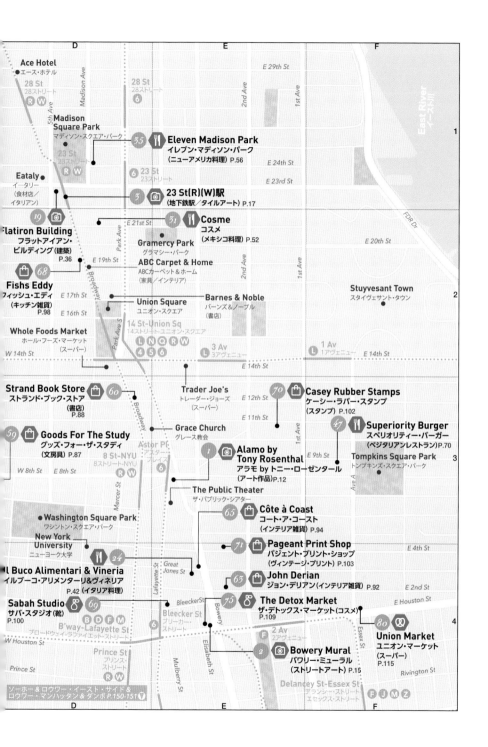

Fanelli's Cafe
ファネリズ・カフェ
(アメリカ料理)
P.74

McNally Jackson Books Soho
P.142 マクナリー・ジャクソン・ブックス・ソーホー (書店)

Jack's Wife Freda
P.49 ジャックス・ワイフ・フリーダ (地中海料理)

Balthazar
P.48 バルタザール (フランス料理)

Eileen's Special Cheesecake
アイリーンズ・スペシャル・チーズケーキ
P.62 (チーズケーキ)
P.108

Glossier
グロッシアー
(コスメ)

La Mercerie
ラ・メルスリー (レストラン／カフェ)
P.60

TribecaSynagogue
トライベッカ・シナゴーグ
P.36 (建築)

Hudson River
ハドソン川

P.34 **The Woolworth Building**
ウールワース・ビルディング
(建築)

The oculus / Westfield
オキュラス／ウエストフィールド (商業施設)

9/11 Memorial Museum
9/11 メモリアル・ミュージアム (博物館)

P.24 **9/11 Memorial**
ナインイレブン・メモリアル (記念公園)

P.13 **Red Cube**
レッド・キューブ by イサム・ノグチ (アート作品)

Trinity Church
トリニティ教会

Taïm
タイーム
(ミドル
イースタン
フード)
P.39

P.12 **Group of Four Trees**
グループ・オブ・フォー・ツリーズ by ジャン・デュビュッフェ
(アート作品)

🍴 食べる 　🍶 おいしいものを買う 　🛍 暮らしの品を買う 　💍 おしゃれの品を買う 　📷 見る 　☕ 泊まる

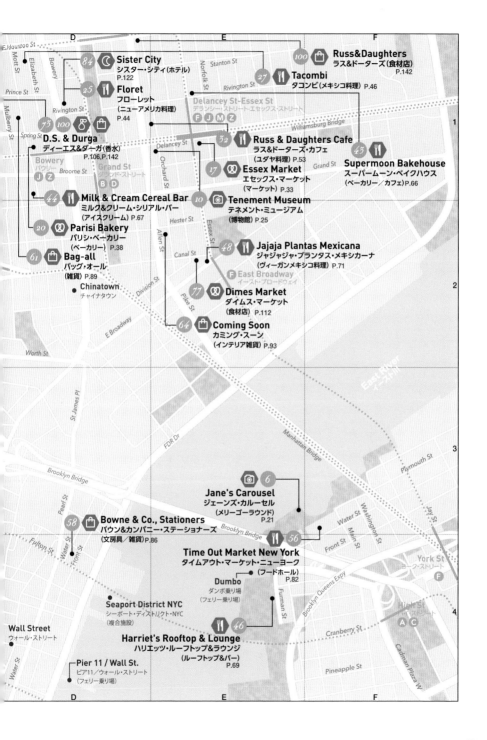

Sister City
シスター・シティ(ホテル)
P.122

Floret
フローレット
(ニューアメリカ料理)
P.44

D.S. & Durga
ディーエス&ダーガ(香水)
P.106,P.142

Milk & Cream Cereal Bar
ミルク&クリーム・シリアル・バー
(アイスクリーム) P.67

Parisi Bakery
パリシ・ベーカリー
(ベーカリー) P.38

Bag-all
バッグ・オール
(雑貨) P.89

Chinatown
チャイナタウン

Russ&Daughters
ラス&ドーターズ(食材店)
P.142

Tacombi
タコンビ(メキシコ料理) P.46

Delancey St-Essex St
デランシー・ストリート・エセックス・ストリート

Russ & Daughters Cafe
ラス&ドーターズ・カフェ
(ユダヤ料理) P.53

Essex Market
エセックス・マーケット
(マーケット) P.33

Supermoon Bakehouse
スーパームーン・ベイクハウス
(ベーカリー/カフェ)P.66

Tenement Museum
テネメント・ミュージアム
(博物館) P.25

Jajaja Plantas Mexicana
ジャジャジャ・プランタス・メキシカーナ
(ヴィーガンメキシコ料理) P.71

East Broadway
イースト・ブロードウェイ

Dimes Market
ダイムス・マーケット
(食材店) P.112

Coming Soon
カミング・スーン
(インテリア雑貨) P.93

Jane's Carousel
ジェーンズ・カルーセル
(メリーゴーラウンド)
P.21

Bowne & Co., Stationers
バウン&カンパニー・ステーショナーズ
(文房具/雑貨)P.86

Time Out Market New York
タイムアウト・マーケット・ニューヨーク
(フードホール)
P.82

Dumbo
ダンボ乗り場
(フェリー乗り場)

Seaport District NYC
シーポート・ディストリクト・NYC
(複合施設)

Harriet's Rooftop & Lounge
ハリエッツ・ルーフトップ&ラウンジ
(ルーフトップ&バー)P.69

Wall Street
ウォール・ストリート

Pier 11/Wall St.
ピア11/ウォール・ストリート
(フェリー乗り場)

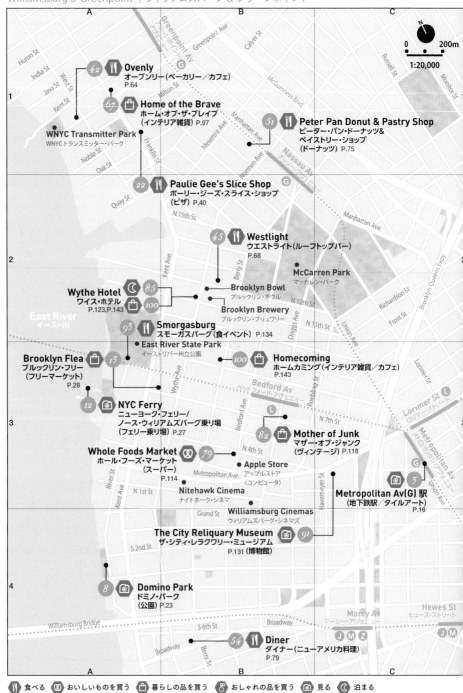

Ovenly
オーブンリー（ベーカリー／カフェ）
P.64

Home of the Brave
ホーム・オブ・ザ・ブレイブ
（インテリア雑貨）P.97

WNYC Transmitter Park
WNYC トランスミッター・パーク

Peter Pan Donut & Pastry Shop
ピーター・パン・ドーナッツ＆
ペイストリー・ショップ
（ドーナッツ）P.75

Paulie Gee's Slice Shop
ポーリー・ジーズ・スライス・ショップ
（ピザ）P.40

Westlight
ウエストライト（ルーフトップバー）
P.68

McCarren Park
マッカレン・パーク

Wythe Hotel
ワイス・ホテル
P.123,P.143

Brooklyn Bowl
ブルックリン・ボウル

Brooklyn Brewery
ブルックリン・ブリュワリー

Smorgasburg
スモーガスバーグ（食イベント）P.134

East River State Park
イーストリバー州立公園

Brooklyn Flea
ブルックリン・フリー
（フリーマーケット）
P.28

Homecoming
ホームカミング（インテリア雑貨／カフェ）
P.143

NYC Ferry
ニューヨーク・フェリー／
ノース・ウィリアムズバーグ乗り場
（フェリー乗り場）P.27

Mother of Junk
マザー・オブ・ジャンク
（ヴィンテージ）P.118

Whole Foods Market
ホール・フーズ・マーケット
（スーパー）
P.114

Apple Store
アップルストア
（コンピュータ）

Nitehawk Cinema
ナイトホーク・シネマ

Metropolitan Av(G) 駅
（地下鉄駅／タイルアート）
P.16

Williamsburg Cinemas
ウィリアムズバーグ・シネマズ

The City Reliquary Museum
ザ・シティ・レラクワリー・ミュージアム
P.131（博物館）

Domino Park
ドミノ・パーク
（公園）P.23

Diner
ダイナー（ニューアメリカ料理）
P.79

🍴 食べる　🍩 おいしいものを買う　🛍 暮らしの品を買う　👗 おしゃれの品を買う　📷 見る　🌙 泊まる

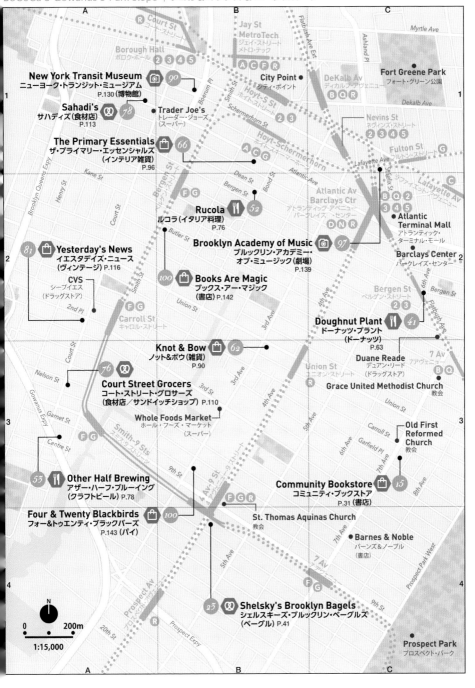

New York Transit Museum
ニューヨーク・トランジット・ミュージアム
P.130 (博物館)

Sahadi's
サハディズ (食材店)
P.113

The Primary Essentials
ザ・プライマリー・エッセンシャルズ
(インテリア雑貨)
P.96

Trader Joe's
トレーダー・ジョーズ
(スーパー)

Rucola
ルコラ (イタリア料理)
P.76

Brooklyn Academy of Music
ブルックリン・アカデミー・
オブ・ミュージック (劇場)
P.139

Yesterday's News
イエスタデイズ・ニュース
(ヴィンテージ) P.116

CVS
シーブイエス
(ドラッグストア)

Books Are Magic
ブックス・アー・マジック
(書店) P.142

**Atlantic
Terminal Mall**
アトランティック・
ターミナル・モール

Barclays Center
バークレイズ・センター

Doughnut Plant
ドーナッツ・プラント
(ドーナッツ)
P.63

Duane Reade
デュアン・リード
(ドラッグストア)

Knot & Bow
ノット&ボウ (雑貨)
P.90

Court Street Grocers
コート・ストリート・グロサーズ
(食材店／サンドイッチショップ) P.110

Whole Foods Market
ホール・フーズ・マーケット
(スーパー)

Grace United Methodist Church
教会

**Old First
Reformed
Church**
教会

Other Half Brewing
アザー・ハーフ・ブルーイング
(クラフトビール) P.78

Community Bookstore
コミュニティ・ブックストア
P.31 (書店)

Four & Twenty Blackbirds
フォー&トゥエンティ・ブラックバーズ
P.143 (パイ)

St. Thomas Aquinas Church
教会

Barnes & Noble
バーンズ&ノーブル
(書店)

Shelsky's Brooklyn Bagels
シェルスキーズ・ブルックリン・ベーグルズ
(ベーグル) P.41

Prospect Park
プロスペクト・パーク

Jay St
MetroTech
ジェイ・ストリート
メトロ・テック

City Point
シティ・ポイント

Fort Greene Park
フォート・グリーン公園

DeKalb Av
ディカルブアヴェニュー

Nevins St
ネヴィンズ・ストリート

Fulton St
フルトン・ストリート

Atlantic Av
Barclays Ctr
アトランティック・アヴェニュー
バークレイズ・センター

Bergen St
ベルゲン・ストリート

N
0   200m
1:15,000

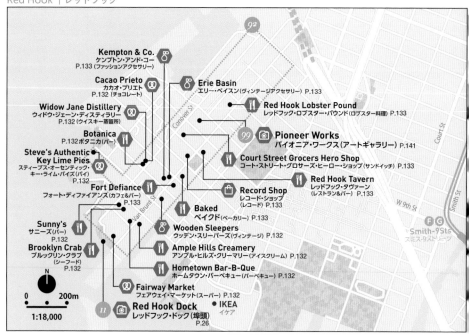

Coney Island ｜ コニーアイランド

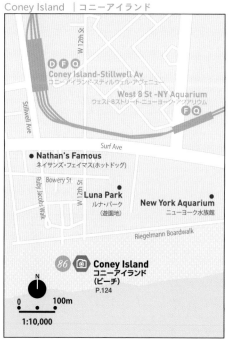

Elsewhere ｜ エルスウェア

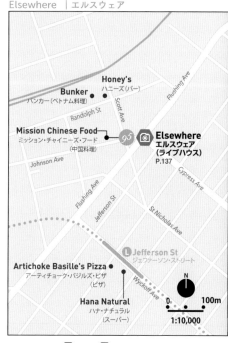

🍴 食べる　🍬 おいしいものを買う　🏠 暮らしの品を買う　💍 おしゃれの品を買う　📷 見る　🌙 泊まる

MoMA PS1 ｜ モマ・ピーエスワン

TWA Hotel ｜ ティーダブリュエー・ホテル

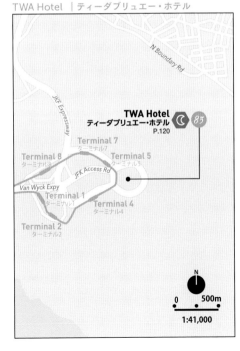

INDEX

複数のカテゴリにまたがるショップ、スポット等がありますが、主に本書での紹介の仕方に沿っています。

🍴 食べる（カフェ、レストラン、店内で飲食可能なベーカリーなど）

🌙 泊まる

＊ホテルの宿泊料金は時期により変動します。本書ではホテルが公表している基本料金、
　またはホテルのウェブサイトで検索した宿泊料金を基に掲載しています。

著者

仁平 綾

ニューヨーク・ブルックリン在住の編集者・ライター。食べることと、猫をもふもふすることが趣味。雑誌やウェブサイト等への執筆の他、著書にブルックリンの私的ガイド本『BEST OF BROOKLYN』、『ニューヨークの看板ネコ』『紙もの図鑑 AtoZ』(いずれもエクスナレッジ)、『ニューヨークおいしいものだけ! 朝・昼・夜 食べ歩きガイド』(筑摩書房)、『ニューヨークの猫は、なぜしあわせなの?』(朝日新聞出版)、伊藤まさこさん・坂田阿希子さんとの共著に『テリーヌブック』(パイインターナショナル)、『ニューヨークレシピブック』(誠文堂新光社)がある。朝日新聞ウェブマガジン『＆w』にて「私のファミリーレシピ」「猫が教える、人間のトリセツ」連載中。

ayanihei.com
インスタグラム：nipeko55

撮影
Jesse Whiles
jessewhiles.com

取材コーディネート
山内智代

デザイン
湯浅哲也 (colonbooks)

イラスト
そで山かほ子

地図制作
ユニオンマップ

校正
浅沼理恵

ニューヨークでしたい100のこと
～大好きな街を暮らすように楽しむ旅～

2020年2月7日　初版第1刷発行
2020年2月27日　初版第2刷発行

著者　　　仁平　綾　Aya Nihei

special thanks to
Absolute London
TRICOLOR PARIS

営業　　横井奈美（自由国民社）
編集　　上野　茜（自由国民社）

発行者　　伊藤　滋
発行所　　株式会社自由国民社
　　　　　〒171-0033 東京都豊島区高田3-10-11
　　　　　電話 03-6233-0781（営業部）
　　　　　　　 03-6233-0786（編集部）
　　　　　http://www.jiyu.co.jp/
印刷所　　株式会社光邦
製本所　　新風製本株式会社